NEW ADVANCES IN DEMAND THEORY
Product Supply Strategies Based on Different Demand Patterns

需求理论新进展

基于不同需求模式的产品供应策略

卓志毅　陈淑红　阎　洪　何　跃◎著

中国科学技术大学出版社

内 容 简 介

本书主要介绍不同需求模式下产品供应策略的模型构建及其效用研究。分别通过对本质需求模式、非本质需求模式以及中间需求模式这三种模式下的产品供应策略模型进行研究，系统、完整地介绍了制造商和零售商在不同需求模式下产品供应策略的建模过程和实现利润最优的方法，同时梳理了作者近期的相关研究成果。

本书可供高等院校市场营销、供应链管理专业本科生、研究生、教师以及相关领域的科研人员阅读参考。

图书在版编目(CIP)数据

需求理论新进展：基于不同需求模式的产品供应策略/卓志毅等著. —合肥：中国科学技术大学出版社，2024.2
ISBN 978-7-312-05812-7

Ⅰ.需⋯ Ⅱ.卓⋯ Ⅲ.产品管理—供应链管理—研究 Ⅳ.F273.2

中国国家版本馆 CIP 数据核字(2024)第 002383 号

需求理论新进展：基于不同需求模式的产品供应策略
XUQIU LILUN XIN JINZHAN: JIYU BUTONG XUQIU MOSHI DE CHANPIN GONGYING CELÜE

出版	中国科学技术大学出版社
	安徽省合肥市金寨路96号,230026
	http://press.ustc.edu.cn
	https://zgkxjsdxcbs.tmall.com
印刷	合肥华苑印刷包装有限公司
发行	中国科学技术大学出版社
开本	710 mm×1000 mm 1/16
印张	9.25
字数	202 千
版次	2024年2月第1版
印次	2024年2月第1次印刷
定价	45.00 元

前　　言

　　需求理论（Demand Theory）既是研究需求发展规律的经典理论，也是提高人类文明和社会进步的物质基础中的先导和源泉。该理论主要阐述供给与需求的基础、供需变化与市场价值或生产价格的关系以及供需变化对市场价格的影响。

　　一百多年来，需求在经济贸易、产品流通等与人们的生产、生活息息相关的环节中变得越来越重要。此时，需求函数用来表示产品的需求量和影响该需求量的各种因素之间的相互关系，并被看作一种揭示需求理论在各个领域应用的基本工具，由此奠定了现代需求函数模型研究的基础。

　　在消费品供应链领域，面对琳琅满目的产品，产品的价格是影响消费者购买行为的重要依据。此时，顾客需求在产品的价格策略制定方面发挥了至关重要的作用，并促使相关研究人员建立了多个经典的需求理论模型。但是，随着经济的快速发展，居民的人均可支配收入在不断提升，此时人们在购买产品的时候，除了受到价格因素的影响外，还受到消费心理因素的影响，如顾客体验等。尤其是近年来，随着互联网＋、人工智能等的普及，新经济模式发生了重大变化。移动互联网和大数据在满足人类高阶和新型需求方面展示了强大的能力，它不仅能在需求信息化、个性化需求服务、人工智能的应用等方面提供强大的支撑，还能在人类社交沟通、情感需求满足等方面建立起虚拟世界，并联通虚拟与现实。如何满足顾客需求成为新商业模式下实体经济应该考虑的关键问题，这也是本书所要考虑的主要问题。

　　本书主要探究消费心理效应下消费者产品需求属性规律的关键问题，从产品的实用功能和品位功能出发，首先对产品的实用功能权重进行划分，以顾客对产品实用功能的侧重性为依据将顾客需求分为本质需求、非本质需求以及中间需求三种类型，然后结合经济学定价理论和统计分析，探讨并建立消费心理效应下消费者产品不同需求属性的新需求函数模型，并最终构建不同需求模式下制造商和零售商产品供应策略的数学模型，从而探析制造商和零售商在不同需求模式下针对不同类型的顾客实现产品利润最大化的机理。

本书的研究和出版得到福建省自然科学基金青年创新项目（项目编号：2021J05251）的资助，在此表示衷心的感谢！

作　者

2023 年 10 月

目　　录

前言 ·· （i）

第1章　不同需求模式的理论和应用背景 ·· （1）
　1.1　需求理论的起源和内涵 ·· （1）
　1.2　需求与供应的辩证关系 ·· （2）
　1.3　不同需求模式的内涵及其应用 ··· （4）
　1.4　不同需求模式下的产品供应策略 ··· （10）

第2章　文献综述和理论基础 ··· （12）
　2.1　文献综述 ··· （12）
　2.2　理论基础 ··· （21）

第3章　建模思想与方法 ··· （30）
　3.1　理论模型构建 ·· （30）
　3.2　子模型建模思想和方法 ··· （34）
　3.3　变量函数 ··· （36）
　3.4　参数指标设计 ·· （40）

第4章　基于本质需求模式的产品最优供应策略 ·· （44）
　4.1　制造商对个人客户制定产品供应策略模型 ·· （44）
　4.2　制造商对集团客户制定产品供应策略模型 ·· （46）
　4.3　零售商对个人客户制定产品供应策略模型 ·· （49）
　4.4　零售商对集团客户制定产品供应策略模型 ·· （52）
　4.5　算例分析 ··· （56）

第5章　基于非本质需求模式的产品最优供应策略 ··· （71）
　5.1　制造商对个人客户制定产品供应策略模型 ·· （71）
　5.2　制造商对集团客户制定产品供应策略模型 ·· （73）
　5.3　零售商对个人客户制定产品供应策略模型 ·· （76）
　5.4　零售商对集团客户制定产品供应策略模型 ·· （79）
　5.5　算例分析 ··· （83）

第 6 章 基于中间需求模式的产品最优供应策略 （99）
- 6.1 制造商对个人客户制定产品供应策略模型 （99）
- 6.2 制造商对集团客户制定产品供应策略模型 （101）
- 6.3 零售商对个人客户制定产品供应策略模型 （104）
- 6.4 零售商对集团客户制定产品供应策略模型 （107）
- 6.5 算例分析 （110）

第 7 章 研究总结、创新与展望 （126）
- 7.1 研究总结 （126）
- 7.2 研究创新 （128）
- 7.3 研究展望 （129）

参考文献 （131）

第1章 不同需求模式的理论和应用背景

需求理论既是研究需求发展规律的经典理论,也是提高人类文明和社会进步的物质基础中的先导和源泉,其相关研究受到了哲学、数学、经济学、管理学、心理学等多个领域学者们的关注。本章从需求理论的起源和内涵入手,通过探讨需求与供应的辩证关系,着重分析不同需求模式的内涵和应用等有关问题。

1.1 需求理论的起源和内涵

"扩大内需"是习近平新时代中国特色社会主义思想的重要组成部分。党的二十大报告提出,"把实施扩大内需战略同深化供给侧结构性改革有机结合起来"。这是党中央基于国内外发展环境变化和新时代新征程中国共产党的使命任务提出的重大战略举措,对于今后一个时期有效发挥大国经济优势、加快构建新发展格局、推动高质量发展、全面建设社会主义现代化国家,具有重要意义。2022年12月14日,中共中央、国务院印发了《扩大内需战略规划纲要(2022—2035年)》(下文简称《纲要》),《纲要》指出,坚定实施扩大内需战略、培育完整内需体系,是加快构建以国内大循环为主体、国内国际双循环相互促进的新发展格局的必然选择,是促进我国长远发展和长治久安的战略决策。这对于贯彻新发展理念、构建新发展格局、推动高质量发展具有重要意义。

如何扩大内需,其本质在于扩大消费需求,突出消费对经济增长的拉动作用,从理论上讲,就是要形成需求牵引供给、供给创造需求的更高水平的动态平衡。[1]其中,需求理论是研究供求关系发展规律的经典理论,该理论主要阐述了供给与需求的基础、供需变化与市场价值或生产价格的关系以及供需变化对市场价格的影响,居于核心主导地位。[2]

马克思认为,一切人类生存的第一个前提,也就是一切历史的第一个前提,即人们为了能够"创造历史",必须能够生活。但是为了生活,首先就需要吃、喝、住、穿以及其他一些东西。因此人类的第一个历史活动就是生产满足这些需要的资料,即生产物质生活资料本身。马克思还认为,随着需求的范围不断扩大,满足新

的需求成为目的,因而生产就更有规则性并且扩大了。[2-3]

马克思进一步阐释了需求与贸易的关系。马克思认为,在需求与生产、流通的相互关系中看需求对世界市场的影响,需求的历史性发展及其普遍推广首先取决于世界各国相互间对产品的了解,如果在发展的过程中,需求创造贸易,那么最初的贸易就是由需求创造的。需求的增长,首先以各国现有的产品相互交换为前提。[4-5]马克思的研究表明,需求是有支付能力的社会需要,它是由各个阶级之间的相互关系和各自的经济地位决定的,供给就是提供给市场的产品。供求以价值转化为市场价值为前提,在资本主义制度下,供求则以资本主义生产为前提,以劳动价值论和剩余价值论为基础。[6]

马克思认为,在阶级社会中,需求是有阶级性的,它是社会总收入在不同阶级和阶层之间分配的结果。所以,马克思是在价值的基础上分析需求,并说明需求对现实的价值或价格形成的调节作用。[7-8]由此,马克思的研究表明,需求是价值的源泉,它表现在具体的消费行动上,是人与自然、人与人之间社会活动的一部分。同时,需求将人与自然、人与人、人与社会紧密地联系在一起。因此,需求是人与社会产生联系的第一原动力,有了需求,才有市场和供给,才有人类社会分工和合作的不断发展。[9-11]

一百多年来,随着经济的不断发展和社会的不断进步,顾客需求在经济贸易、产品流通等各种与人们的生产、生活息息相关的环节中变得越来越重要。与此同时,需求理论的研究一直呈热化状态,学者们运用定量和质性工具对需求理论进行研究,几乎涵盖了所有领域,囊括了多个学科,包括哲学、经济学、数学、管理学、心理学、教育学等。基于这些学科的理论和应用研究,学者们丰富和发展了需求理论,如效用理论、需求层次理论、虚假需求理论、成就动机理论、ERG[即生存(Existence)、相互关系(Relatedness)、成长发展(Growth)]理论以及双因素理论等[12-19],并研究了这些理论及其应用中各种各样的细节,最终建立了多个关于顾客需求的经典理论模型。[20-21]

1.2 需求与供应的辩证关系

在市场营销活动中,获取最大利润是所有企业经营者的目标,其核心要素在于:在各种动态环境里,企业通过创造出符合市场需求的产品,然后通过推广、销售等各种营销活动,同顾客(个人或集体)自由交换产品和价值,以期能够创造出优于竞争者的顾客价值,并促成双方互赢互惠的交换行为。因此,它的本质是以有利可图的方式来满足需求。[10-11]但是,要满足各种需求的手段与方法却是多种多样的。以填饱肚子为例,光是为了满足饥饿的生理需求,消费者就有无数种选择,但是消费者的支付能力却促使他们换取那种确有所值且能带给他们最大利益的产品。因此,人们总是根据其支付能力来选择最有价值或最能满足其欲望的产品或服务。

可以说,市场营销是一种社会过程,它把顾客放在营销活动的中心,并以顾客需求和顾客满意为依据,通过各种活动使个人、组织在相互交换中各取所需,并建立持续的交易关系,这种交易关系产生了价值,也促进了人类文明的进步。[2]

在消费品供应链领域,需求是贸易的物质内容(即产品)——交换对象的总和。需求的增长以企业现有的产品和价值相互进行交换为保证,并且需求是一种顾客尚未被满足,又希望被满足的愿望,所以需求是产品存在的原因。[4-5]虽然需求在激烈的市场环境中的重要性毋庸置疑,但是它既不能单独决定价格,也不能单独决定购买量,一个市场必须既有供应商,也有顾客,否则就不可能产生交易。这也引入了本书的另一个相关研究主题——供应(Supply)。供应,是指供应商或企业向顾客提供具有需要购买力支持的价值的产品的过程。[22-23]有了需求,顾客才有兴趣并愿意购买某种产品来获得效用,来满足自己的需要和欲望,才会出现交易。提供满足需要的产品或服务,也就是供应。[23]顾客通过获得、使用或消费产品和服务来满足自己的需求。[11]这种由顾客需求开始到提供给顾客其所需要的产品与服务的整个过程构成了一个完整的供应链。美国供应链管理学会认为,供应链是一个使产品和服务从供应商向最终用户移动的生命周期过程。其中,顾客需求是供应链的运作起始点,任何一个供应链的主要目的都是满足顾客的需求,并在满足顾客需求的过程中创造利润。[22-23]

从哲学的角度来看供求关系的本质。需求是因,供应是果。供应的目的是满足人们的需求,供应满足人们的需求才能产生经济价值。因此,经济价值来源于人们需要的满足。从这个意义上说,供应是产品或服务的生产和销售,需求是产品或服务的消费。供应和需求之间具有生产和消费的辩证关系,这主要包含三个方面的内容:第一,需求与供应的同一性;第二,需求决定供应;第三,供应创造需求。[24]

从需求与供应的同一性来说,其主要表现在两个方面:首先,供应是需求,需求是供应,两者密不可分,缺一不可。在产品生产的过程中,必然存在两种消费:一种是作为主体的个人支出;另一种是将原材料、生产工具、物质资源等作为客体物质的价值支出。这表现在人们向社会提供种类繁多的产品与服务的同时,也要通过物质消费与精神消费,满足自己不同层次的需求,促进生产力的再生产以及创造更高的生产价值,实现深层次的再生产目的。其次,供应与需求相互依存,互不可缺。国民经济的平稳运行实际上是产品的生产与消费(即需求与供应)的持续运动过程,环环相扣,缺少其中任何一环,生产运营都将难以持续,经济体系也将随之崩溃。

从需求决定供应的角度来说,需求决定供应即消费决定生产。一方面,消费使产品价值得到体现。由产品具有使用价值和价值可知,劳动成品成为产品的一个必不可缺的环节就是进入消费领域,顾客要有兴趣并愿意购买某种产品来获得效用,否则产品的价值难以实现,需求也就没有意义。另一方面,消费能够创造出新的需求,促进生产循环往复。顾客需求是产品生产的前提,满足顾客需求是产品生产的目的。如果没有消费,那么生产就失去了意义,人们也就不会从事各种生产活动。产品或服务被人们消费时证明了其自身的价值,顾客的需求也得到了满足,同时也产生了新的需求,为新一轮的生产提供了内在动力。

从供应创造需求的角度来说,与需求决定供应相对应,供应也能够创造需求。供应创造需求的本质意味着生产创造消费。在本书中,生产也就是供给方,根据本书的研究目的,我们把供给方归纳为两种类型:制造商(Manufacturer)和零售商(Retailer)。首先,生产提供了有形或无形的产品或服务,为顾客创造了具体的使用价值,使顾客需求得以满足。其次,生产不仅仅创造了消费对象,也创造了消费工具,最终形成特定的消费方式。最后,生产者生产出的产品,为消费者所感知,在消费主体身上引发需要,形成消费动力。

由此,供应有三种类型:创造、生产和流通。创造指开发新的产品或提供新的服务来满足人们更多的需要;生产指生产产品或提供服务来满足人们的需要;流通指使产品或服务流通,让有需要的人得到产品或服务,产生更多的效用。这三者之间,创造是供应的推动力,生产是供应的基础,流通是供应的核心。需求和供应两者之间相辅相成,缺一不可。[9]企业根据市场需求信息,为了交换、获利或使人们的更多需求得到满足,生产满足人们需求的各种产品和提供各种服务。可以说,需求拉动供应,需求的变化引起供应的变化。

1.3 不同需求模式的内涵及其应用

在现代市场经济条件下,顾客的需求是企业建立和发展的基础。如何更好地满足顾客的需求,既是开展一切经营活动的中心,也是实现企业战略目标的关键。因此,企业必须建立一种以顾客为导向的营销观。这是以满足顾客需求为核心价值观的哲学,是顾客主动权在企业市场营销管理中的体现。它考虑企业如何通过生产、销售、售后服务等与最终消费产品有关的所有事物来满足顾客的需求。在这种观念的指导下,企业的一切活动都以顾客需求为中心,把满足顾客的需求作为获取商业成功的秘诀。[25]

如何深入地理解需求在消费品供应链领域中的具体应用?我们首先来看两个关于顾客需求的经典故事,一是"王永庆卖米"的故事,二是"三家水果店"的故事。[26]

第一个故事:王永庆卖米①。

王永庆是中国台湾地区台塑集团的创始人,他曾在当地富豪排行中长期雄居榜首。但是,早年的王永庆因家境贫困读不起书,只好背井离乡去做买卖。1932年,16岁的王永庆从老家来到嘉义开了一家米店,踏上了艰难的创业之旅。创业初期,由于小小的嘉义已有米店近30家,竞争非常激烈,要想在这种情况下打开销

---

① 刘恭甫.销售不用滔滔不绝,"客户需求背后的需求"才是成交关键[EB/OL].(2016-04-15)[2023-06-01]. https://www.managertoday.com.tw/columns/view/52364.

路,其中的困难可想而知。后来,王永庆凭借着父亲常说的古训:"不惜钱者有人爱,不惜力者有人敬。"决定从每一粒米上找到突破口。那时,农民尚处于手工作业状态,因此在进行稻谷收割的时候经常会有很多小石子之类的杂物掺杂在米里,大家都习以为常。王永庆却认为,这样的米品质低下,由此找到了营销的切入点——从米的品质入手。后来,他还独创了科学化的客户管理方式,如主动送米上门等精细服务,令顾客深受感动,赢得了众多的顾客,最终成为台湾首富。

第二个故事:三家水果店①。

一条街上有三家水果店。一天,一位老太太想买水果,她先走进第一家店,问老板:"有李子卖吗?"老板马上说:"我家的李子又大又甜,刚从产地采摘送来,很新鲜。"没想到老太太立刻掉头就走。接着,老太太来到第二家水果店,问老板同样的问题,老板回答说:"我家的李子,有酸的、有甜的,你要买哪一种?"老太太说:"我想买一斤酸李子。"于是,老太太在第二家水果店买了一斤酸李子,心满意足地回去了。第二天,老太太来到第三家水果店,还是问了老板同样的问题。老板回答说:"我家的李子,有酸的、有甜的,你要买哪一种?"老太太说:"我想买一斤酸李子。"老板一边包李子,一边和老太太闲聊:"来这的客人,通常都喜欢买甜李子,你为什么要买酸的呢?"老太太回答说:"因为媳妇怀孕了,想吃酸李子。"这位老板在恭喜老太太的同时,还不忘推荐道:"怀孕多吃些富含维生素的水果,如猕猴桃,小孩会变得更聪明。"就这样,老太太不但买了一斤酸李子,还多买了一斤猕猴桃。从此,老太太成为了这家水果店的忠实顾客。

在第一个故事中,同样是卖米,为什么王永庆能将生意做大做强呢?其关键在于他制定并实施了满足顾客需求的产品营销策略。顾客从其他米店也可以买到米,但从王永庆的米店里买米,会感觉自己的所得是超出产品价值的,这超出的价值便是精细化的服务。在具体的管理实践中,令人感动的服务绝不仅仅是微笑能涵盖的,它融合在每一个工作的细节里。这种由原来的单纯卖给顾客简单的产品,转向将顾客的需求变成自己的服务项目,与产品一同销售给顾客,便是满足顾客需求的一种方式。所以,这个小故事给企业经营者的启示是:企业需要制定满足顾客需求的营销策略。

在第二个故事中,第一位老板没有先了解顾客的需求,而是直接推销自己觉得好的产品,所以失败了。第二位老板比较聪明,主动了解顾客的需求,多问了一句:"您要酸的还是甜的?"因此成功卖出了一斤李子。第三位老板更厉害,通过了解顾客的需求发现老太太需求背后的原因,因此制定了具有针对性的营销策略,从而使老太太成为忠实的顾客。所以,这个小故事给企业管理者的启示是:企业必须探究顾客真正的需求是什么。

这两个故事表达的都是顾客需求是企业实现经营目标的中心,而产品营销策略是满足顾客需求的依据,它成功与否的关键在于企业是否深入地了解顾客需求。

---

① 王紫炘.你真的了解顾客的需求吗?三家水果店的故事[EB/OL].(2015-04-13)[2023-06-01]. https://www.managertoday.com.tw/articles/view/50596.

因此,研究产品供应策略的实质就是要深入了解顾客的需求到底是什么。我们认为,需求既是顾客根据生产、生活的实际情况购买需要的产品或服务时为了获得内心的满足感所产生的外显欲望,也是促使顾客采取行动参与交易的基本动力。[11]随着社会经济水平和顾客收入水平的不断提高,顾客的需求层次有了进一步的升华。有学者发现这时的顾客需求存在三个层次:基本层、加分层、WOW层。

(1) 基本层

基本层是指顾客必须要企业经营者做到的事,企业经营者做到。这是最基本的要求。例如,顾客来餐厅用餐,用餐过程中没有出现任何遗漏或错误,这就是顾客最基本的需求。相反,如果企业经营者没做到这些,那么顾客就不会购买产品或服务,或产生不满、抱怨情绪,甚至是投诉。

(2) 加分层

加分层是指顾客想要企业经营者做到的事,企业经营者做到。顾客心中有所期待,虽然顾客没有明确要求,但是如果企业经营者做到这些事,顾客就会有小惊喜,并产生愉快的感觉。例如,顾客点外卖,按规定30分钟内送到是正常标准,但是某家餐厅平均15分钟就送到了,这种节省顾客时间的服务就是加分层。

(3) WOW层

WOW层是指顾客没想到企业经营者会做的事,企业经营者做到。这是顾客需求背后的需求,顾客心中有个问题要解决,本没指望企业经营者会帮他解决心中的问题,如果企业经营者想到并做到这些事,那么顾客就会产生很好的感受,开始对这家企业产生依赖,从而建立并保持与企业的长期关系。例如,顾客点外卖,按规定30分钟内送到是正常标准,但是某家餐厅平均15分钟就送到了,此外还送上一点餐后水果,并放上一张小卡片,温馨提示餐后水果有益健康,这种超出顾客预期满意度的就是WOW层。

我们先以"三家水果店"的故事来看这三个层次:

第一家水果店是基本层,企业经营者连顾客的需求是什么都不知道,也不问清楚顾客到底需要什么样的产品,只是单纯地介绍自家产品,所以没有达成交易。从营销学的角度来说,不能满足顾客的需求意味着产品营销活动的失败。

第二家水果店是加分层,企业经营者只是简单快速地了解顾客的需求,并未进一步深入了解顾客需求背后的需求是什么,从而提出有针对性的营销策略,因此此次顾客的购买行为虽然成功,但却是一次性交易,错失了稳定忠实顾客的良机。从营销学的角度来说,不能完全满足顾客的需求意味着产品营销活动虽然有可能成功,但是由于顾客往往会觉得还是无法获得理想状态下的产品购买体验,因此,这种情况导致的后果往往都是一次性交易,也就是无法获得顾客的忠诚度。

第三家水果店是WOW层,企业经营者在了解顾客需求的过程中进一步深入了解"老太太买酸李子"需求背后的需求是怀孕的媳妇需要补充各种营养,因此尝试帮老太太解决心中希望孙子更聪明的问题,从而获得老太太对这家水果店的忠诚度,并且与老太太建立了长期的关系。从营销学的角度来说,满足顾客需求意味着产品营销活动的成功,并且可以获得顾客的忠诚度,从而建立并保持长期的关系。

我们再以"王永庆卖米"的故事来看这三个层次：

基本层是顾客自己到米店买米。企业经营者并没有提供满足顾客需求的产品和服务，导致的后果是生意平淡，不能有效地获得顾客的忠诚度。

加分层是王永庆采取主动送货上门的营销策略，即送米到顾客家，这种送货上门的方式比顾客自行买米速度更快，不仅节省了顾客的时间，而且满足了顾客的需求。从营销学的角度来说，这种送货上门的服务是为了满足顾客的需求，因此，满足顾客的需求成了企业获取忠实顾客的一种有效的营销策略。

WOW 层是王永庆创新营销策略，通过记录顾客何时米快吃完、等顾客发薪后再上门收取米款、将陈米倒出放新米等做法，不但感动了顾客，而且超出了顾客的预期满意度。从营销学的角度来看，王永庆的做法是把满足顾客需求的服务和产品一同给予顾客，产生了新的无形价值，这种价值的关键在于完全使顾客对企业忠诚。而这种超出顾客预期满意度的营销策略是促使企业成功的关键因素。

上述两个故事说明，满足顾客需求的关键在于了解顾客需求背后的需求。在这点上，顾客真正要买的其实不是企业的产品或服务，而是他们需要通过企业的产品或服务来完成他们的某项任务或解决某个问题。这两个故事中，基本层的企业都有一种以销售为导向的营销观。这种营销观以企业现有的产品为营销活动的中心与出发点。企业仍然着眼于现有产品的推销，即"企业生产什么，就卖什么"，对于顾客真正需要什么、顾客满意与否以及顾客会不会重复购买产品比较忽视。随着社会生产力的提高和商品经济的发展，竞争者增多，产品日益丰富，顾客的选择余地不断变大。如果一个企业的一切营销活动，只是为了把产品推销出去，而忽视了产品是否满足顾客的需求，那么产品肯定很难销售出去。因此，企业必须建立以顾客为导向的营销观，这是以满足顾客需求为核心价值观的哲学，是顾客主动权在企业市场营销管理中的体现。它考虑企业如何通过生产、销售、售后服务等与最终消费产品有关的所有事物来满足顾客的需求。[25]

现如今，科技日新月异的发展造就了社会生产力的进步，人们的需求由原来的解决温饱问题变成了今天的满足精神需要。此时，人们在购买产品时，除了会受到价格因素的影响外，[27-28]往往还会受到消费心理因素的影响，[29-30]如顾客体验等。尤其是近年来，随着互联网＋、人工智能等的普及，新经济模式发生了重大变化。移动互联网和大数据在满足人类高阶和新型需求方面展示了强大的能力，它不仅能在需求信息化、个性化需求服务、人工智能的应用等方面提供强大的支撑，也能在人类社交沟通、情感需求满足等方面建立起虚拟世界，并联通虚拟与现实。[31]与此同时，作为新商业模式之一的直播电商开辟了一种新的产品销售方式，已经成为互联网时代各种产品营销的重要手段，而便利因素、享乐动机是顾客从直播电商那里购物的重要决定因素。[32-34]

不管是基于互联网＋的新经济模式还是传统的实体经济，获取最大利润是所有企业经营者的目标。其中，如何满足顾客的需求是企业要解决的核心关键问题。这是因为市场上存在种类繁多的产品，并且每种产品之间都存在品牌和价格的竞争关系,企业需要考虑的是如何让顾客在大量的产品品牌之间选择自己的品牌,这时,了解顾客背后的需求就成了关键,也就是我们所要研究的问题,其理论基础为 Marcuse 的虚假需求理论。[15]

Marcuse 通过研究发达资本主义社会的意识形态发现,产品繁多导致在现如今的产品供应中,消费心理因素是影响消费者购买力的主要因素。因此,存在两种不同的需求:真实需求和虚假需求。[15] Marcuse 认为,当前的大多数消费者需求是由消费心理引起的,可以归为虚假需求。虚假需求是一种纯粹的精神或心理现象,是影响个人消费心理的产物。Marcuse 将意识形态视为日益影响消费者购买力的主流因素。[36-37] 兰俏枝和高德步[38]在理论上对真实需求和虚假需求作了界定,即虚假需求是相对于真实需求而言的,区分两者的根本标准是该需求是否与满足人类的生存需要有必然联系。有必然联系的称为真实需求,没有必然联系的称为虚假需求。

然而,在消费品供应链领域,Marcuse 的研究存在一定的缺陷。例如,奢侈品(如珠宝、首饰等)是现代都市人喜欢购买的一种产品,这类产品跟人类的生存需要完全没有任何关系,按照 Marcuse 的研究和兰俏枝及高德步的界定,奢侈品属于虚假需求毋庸置疑。[38] 由此,我们发现了一个虚假需求理论的重要理论缺口,那就是从消费心理的角度来说,人们购买奢侈品的行为肯定属于虚假需求,但购买奢侈品的交易行为却是真实存在的,从交易的角度来说肯定属于真实的需求。所以,从某种意义上来说虚假需求在本质上也属于真实的需求。基于 Marcuse 的虚假需求理论,我们重新定义了消费品供应链领域的顾客需求。我们认为,消费品供应链领域的顾客需求存在两种基本模式:本质需求模式和非本质需求模式。本质需求表明消费者的需求基于他们真正的需求,即在产品营销过程中属于产品的本质功能部分;而非本质需求则是经济利益、广告宣传等外部环境因素影响消费者购买力的需求,即在产品营销过程中升华到意识形态领域的部分。[38-39] 此外,还有一种介于两者之间的特殊的顾客需求模式:中间需求模式。

在消费品供应链领域,顾客需求是产品供应的核心,其中,必然会出现两种影响顾客购买决策的因素。一种是顾客在生产、生活中或者在一定时期内必须要购买的产品,如油、粮等日常生活的必需品,这种是消费者真正的需求,是维持人本身存在和发展所必需的,是生命攸关的需求,根据兰俏枝和高德步[38]的研究,这种产品属于真实需求,也就是我们认为的本质需求。另一种是顾客本来没有购买欲望,因受到外力影响,从而导致其购买产品的行为。根据 Marcuse[15]的研究,这种因经济利益、广告宣传等外部因素影响消费者购买行为的需求,属于虚假需求,也就是我们认为的非本质需求。可以说,在现如今的产品供应链中,意识形态是与大多数当前顾客需求相关的消费者购买力的主要决定因素。但是根据 Maslow[14]的研究,人只要满足了低层次的需求,低层次的需求就会转化为追求更高层次需求的动机。Fromm[16]也认为,人的发展就是对本质需求的实现,人的解放就是对非本质需求的超越,要实现人的全面发展和人的解放,必须了解人的本质需求和非本质需求。那么,本质需求和非本质需求在具体的消费品供应链领域该如何区分呢?

我们认为,现如今,企业生产的产品由于种类繁多、更新换代快等,在满足顾客需求上已经从原来的解决人们的温饱问题这种基本的本质需求变为满足人们日益丰富的文化、精神、娱乐层面上的非本质需求。此处,我们将给出顾客需求的几个层次来验证我们的理论依据。例如,从现代都市青年购买衣服这样一个简单的例子可以看出,穿的功能和保暖的功能已经不再是导致消费者购买行为的主要因素。第一层次的需求是穿和保暖的功能,这是每件衣服基本的必备功能,兰俏枝和高德步[38]的研究表明,这种满足基本生理需求的是本质需求。但是,由于现代社会物产丰富,消费者购买衣服不仅仅是为了满足穿和保暖这些基本生理需求。这时就上升到第二层次的需求,即消费者购买衣服是为了好看、漂亮,这表现为人类的自我天性就是追求美,这时的需求就变成了买衣服是为了打扮得漂漂亮亮。第三层次的需求是打扮自己以便满足人们的虚荣心,这表现在绝大多数消费者对品牌的追求以及买衣服的目的之一是让亲戚、朋友夸赞衣服好看的内心情感追求方面。第四层次的需求是买衣服的过程,买衣服不再是因为衣服坏了、破了,而变成了一种现代都市青年发泄情绪的方式,即今天高兴了去买,今天不高兴了也要去买,这时需求已经由基本生理需求完全转化为情感需求。第五层次的需求是社交需求,现如今邀请朋友一起去买衣服成了一种时尚潮流,因此,这时买衣服已经演变成人们相约聚会的一种社交媒介。从第二层次到第五层次的需求就是买衣服的非本质需求。我们发现,大到买房、买车,小到喝咖啡、喝茶这种日常习惯,顾客的需求都存在两个以上的层次,传统的实用功能已经远远满足不了顾客的需求,意识形态因素已经是越来越影响消费者购买行为的主流因素。而为了特定的社会、经济利益而从外部环境强加在个人身上的需求是非本质需求。

与此同时,我们还发现在实际管理实践中,在本质需求和非本质需求之间存在中间需求。Crawford[41]对进入商场购买产品的消费者进行了调查,发现面对大量产品信息的消费者被迫将其需求分解为较小的元素。这些元素既不是传统的非本质需求,也不是客观上确定的本质需求,即中间需求。我们以另一个喝茶的例子来描述这种中间需求。其中,顾客的需求同样可以分为三个层次。第一层次的需求是基本需求,即解渴,这是喝茶的本质功能,因此这是本质需求。但喝茶的功能仅仅是解渴吗?不,还有第二层次的需求,即社交需求。与朋友喝茶已成为现代都市人的日常习惯。这时,喝茶已成为一种社交礼仪。此外,在中国的许多地方,如福建、广东,茶桌讨论是工作交流的最主要方式。因此,此时的喝茶变成了商务谈判的工具,这是第三层次的需求。此处,后两种需求是非本质需求。但是,往往会出现一种特殊的突发情况,如某顾客因口渴在茶叶店喝茶,突然想到他很久没有与朋友见面了,所以他打电话给他的朋友去茶馆见面,顺便聊聊天。这既不是非本质需求,又不同于客观上确定的本质需求,而是消费者在模糊不稳定的状态下形成的中间需求。[41]因此,中间需求同时具有本质需求和非本质需求两者的属性。

1.4 不同需求模式下的产品供应策略

在消费品供应链领域,需求是一种顾客尚未被满足,又希望得到满足的愿望,所以需求是商品经济中产品存在的原因,也是企业制定各种产品营销策略的基础。企业要密切关注需求信息,深入了解顾客对产品和服务有哪些期望或欲望,通过数据分析掌握顾客需求的强度和变化情况,从而预计产品或服务在不同价格下的需求强度和需求量,最终才能生产和提供符合顾客需求的产品和服务。[9]

通过对现有文献的梳理以及对真实场景的模拟,我们发现,消费品供应链领域顾客需求的几个层次真实存在,但这是当前学者们忽略的研究领域,存在较大的理论空白。因此,探讨消费品供应链领域顾客需求对产品供应策略的影响具有较强的理论价值。并且,从现有产品的阵容上看,同时具有本质需求属性和非本质需求属性的中间需求的产品是客观存在的,而且产品种类和数量不少,对它的划分也是必不可少的。用一个形象的比喻来分析这三种需求模式的产品,那就是在军队中有不同的兵种肩负不同的作战任务,如海军主要承担海上作战任务,空军主要承担空中作战任务,陆军主要承担陆上作战任务,[43]而在产品阵容上也需要有不同的产品行使不同的市场职能,各个不同类型的产品相互配合、系统"作战",充分迎合或引导消费者的购买心理和购买行为,从而通过产品类型定位实现最有竞争力的价格体系优势和产品功能优势,为企业的发展保驾护航,进而实现企业的战略目标。因此,为了更好地达到精准营销的目的,制造商和零售商在针对不同类型的客户制定不同的产品供应策略时,还需要将顾客需求细分为本质需求、非本质需求和中间需求。

与此同时,虽然制造商和零售商根据顾客需求制定产品供应策略(Product Supply Strategy,PSS)的目的是为不同类型的客户(包括个人和集团客户)制定最佳供应计划,以最大程度地提高产品获利能力。[44]但是,当制造商和零售商制定产品供应策略时,他们必须考虑市场均衡问题。在解决这个问题之前,我们必须清楚地知道市场均衡指的是什么,它的市场状态是什么。

均衡这个词来源于物理学中的概念,是指某物体同时受到相反方向的两个相等外力的作用时,处于一种相对静止的状态。这种状态只有受到外界因素干扰时才会发生变化。经济学中借用均衡这一概念来说明两种对立且变动着的经济力量处于一种力量相当、相对静止的状态。[45-46]19世纪中期,安东尼·奥古斯丁·库尔诺(Antoine Augustin Cournot)在分析需求、价格和收入的关系时指出,其最优的状态是经济系统自动地寻求、保持和力求巩固的运行状态,这句话的实质就是最初的经济学领域的均衡概念。[47]阿尔弗雷德·马歇尔(Alfred Marshall)在1890年出版的《经济学原理》一书中,提出了均衡价值论并使其成为协调发展的主流理论。马歇尔以英国古典经济学中的生产费用论为基础,结合边际分析和心理概念,论述价格的供给一方；又以边际效用学派中的边际效用递减规律为基础，对其进行修改，论述价格的需求一方，认为产品的市场价格取决于供需双方的力量均衡，犹如剪刀之两刃（需求定律负反馈和供给负反馈），是同时起作用的，从而建立起均衡价格论。[48]

具体到消费品供应链领域，市场均衡是供给与需求平衡的市场状态。蒂莫西·泰勒[49]认为，供不应求导致价格上升，供大于求导致价格下降，如果产品的价格高于均衡点，那么该产品的供给量将超出需求量，东西将开始滞销。为了清除库存，卖家必须开始降价，直到人们愿意购买。于是，价格开始朝这个均衡点下跌，使供给量与需求量相等。均衡点这个位置有其特定的经济意义：价格与数量是均衡的，没有造成浪费，就如同一台有效率的机器，没有多余的动作或额外的零件，一个有效率的市场也没有多余的产品或未被满足的需求。如果产品价格落在均衡点以下，那么需求量将超出供给量。此时，人们往往排队抢购该产品。供给者发现此现象，便会开始提高价格，结果导致需求量下降，供给量开始上升，直到这两种数量再次相等，价格达到均衡点。即在影响需求和供给的其他因素都给定不变的条件下，市场均衡由需求曲线与供给曲线的交点所决定，这个交点被称为均衡点。这个均衡点所处的位置就是该种产品的市场需求量和市场供给量相等时的价格。此时产品价格达到这样一种水平，使得消费者愿意购买的数量等于生产者愿意供给的数量。其中，需求曲线说明了消费者对某种产品在每一价格下的需求量是多少，供给曲线说明了生产者对某种产品在每一价格下的供给量是多少。在这种状态下，买者与卖者都不再希望改变当时的价格与买卖的数量。市场处于均衡状态时的价格称为均衡价格，与均衡价格相对应的成交数量称为均衡交易量或均衡产（销）量。[50-51]

我们认为，需求和供给的相互作用以及价格的波动，最终会使一种产品的价格稳定在需求量等于供给量的水平线上。在这个水平线上，既没有供大于求，也没有供不应求。这时，社会资源得到最优配置，厂商的利润也会实现最大化。因此，制造商和零售商在不同需求模式下制定产品供应策略时，为了实现利润最大化，就必须考虑均衡价格问题。如果制造商生产的产品数量或零售商的订货数量超过消费者的需求，就会出现库存产品，这些产品将占据制造商或零售商的库存空间。这种供过于求的情况将阻碍公司实现利润最大化。相反，如果制造商生产产品的数量或零售商的订货数量少于消费者的需求，就会出现供应短缺的情况，这将使一些消费者无法满足需求，而这种供应少于需求的情况同样不能使企业实现利润最大化。这也是本书需要解决的关键问题。

第 2 章　文献综述和理论基础

本章对不同需求模式下的产品供应策略相关文献进行整理，主要分为两个部分：第一部分，对基于需求的产品供应链决策相关研究进行系统梳理，从需求对产品供应链的影响、不同需求模式的营销策略、产品定价和需求模式三个方面对现有文献进行归纳与总结。第二部分，对企业行为理论、均衡价格理论、决策理论、约束理论进行阐述，并给出研究启示，为后续研究奠定理论基础。

2.1　文献综述

文献研究是任何学科、任何课题、任何项目研究的基础，是进行研究的最主要也是最基本的内容，它的本质是明确研究者构建理论框架所依据的视角是什么，同时也是对已有相关主题研究的优势、不足的批判性反思，从而找出现有研究的理论缺口，为未来的研究奠定基础。[52-53]

在 Web of Science、Engineering Village、Springer Link、中国知网等国内外主流数据库中，与需求导向下的产品供应链决策研究相关的文献资料较为丰富。根据本书的研究目的，我们将从需求对产品供应链的影响、不同需求模式的营销策略、产品定价和需求模式三个方面对现有文献进行梳理、总结与归纳，为后续研究奠定坚实的理论基础。

2.1.1　需求对产品供应链的影响

需求对产品供应链影响的研究集中于具有各种需求特征的分配策略和产品供应链中的需求因素。

2.1.1.1　具有各种需求特征的分配策略

Alasseri 等人[54]研究了在引入基于激励的需求响应计划（Incentive-Based Demand Response Program，IBDRP）时必须考虑的零售电力市场的主要方面。他们提出的概念框架是为任何零售电力市场开发最合适的 IBDRP 的适当实施方法。Yang 等人[55]进一步将需求响应看作需求侧管理(Demand Side Management, DSM)的有效技术,并对智能电网 DSM 中基于价格的需求响应(Price-Based Demand Response, PBDR)策略进行详细讨论。Elhafsi 和 Hamouda[56]从马尔可夫决策过程的角度研究了产品需求波动。他们的研究表明,如果不能立即完成订单,那么意味着在长期需求的情况下该产品缺货。See-To 和 Ngai[57]提出了一种有效的方法来了解需求特征的分布。该方法有助于使产品级别的需求结构可视化,并有效地揭示了大数据流可以改善企业的销售预测和产品级别的来源,并增强企业对在线情绪及其对销售的影响的理解。

Tang 等人[58]研究了需求和成本同时中断将如何影响由制造商和零售商组成的双渠道供应链的定价、生产和利润。更具体地说,他们从合作伙伴和供应链的角度考察了需求和成本同时中断对定价、生产和利润的影响,并据此推导出了中断时的最优价格和吞吐量。慕艳芬等人[59]研究了在市场需求和开通直销渠道的固定成本信息不对称的情形下,零售商的市场需求信息披露对制造商开通直销渠道的影响。邓旭东等人[60]提出了一种基于不确定需求的货位分配策略,该策略通过考虑单种货品不同数量货物需求概率的不同,以需求概率进行分区,将同种货品进行拆分存放,使其分布在不同的分区。他们发现,在不同的需求曲线、标准差、服务水平下,基于需求概率的货位分配策略均在不同程度上优于传统的 ABC 货位分配策略。

2.1.1.2 产品供应链中的需求因素

产品供应链中的需求因素包括直接因素和间接因素,主要从产品成本价格的控制、销售量的扩大以及客户需求的影响等几个方面来考虑。为了降低产品的销售成本,提高产品利润,Li 和 Lim[61]解决了季节性需求预测的现实问题。通过研究新加坡一家时装零售商的案例,他们确定了每个商店每天对每个库存单位(Stock Keeping Unit, SKU)的需求,因此开发了有效的库存和物流系统。该方法已应用于实际的每日 SKU 商店需求数据库,其性能优于间歇性需求预测方法。张志远和叶涛锋[62]通过构建两周期模型,分析按使用量计费和按阶段计费两种计费方式对 SaaS 服务供应商定价策略的影响,同时进一步分析 SaaS 服务供应商在不同情况下应选择何种计费方式及定价策略才能实现利润最大化。研究结果表明,不论采用何种价格优惠策略,当使用量较高且交易成本较高时,SaaS 服务供应商采取按阶段计费的方式获利更高。在增加销售渠道(如不确定需求的销售渠道、在线销售)及增加销售量等方面,Zhang 等人[63]研究了双渠道零售商的"网上下单,实体店提货(Preorder Online, Pickup in Store, POPU)"策略。经研究发现,在垄断情况下,POPU 策略会降低零售商的市场份额并降低其利润。当 POPU 模式的运营成本较低时,POPU 策略可以同时提高零售商的市场份额和利润。

Bell 等人[64]运用计量经济学模型研究在线优先零售及其在关键全渠道决策中的比例,他们认为增加整体需求和在线渠道,可以吸引更高服务成本的客户,对其他渠道产生业务溢出效应,进而通过提高采样渠道的转换率和降低收入来提高整体运营效率。对于客户需求方面，Polotski 等人[65]提出了一种基于数值函数、时间导数的新方法，以应对需求和回报的变化。他们进行了广泛的仿真，以模拟与制造能力、需求和退货水平之间关系相对应的众多场景。仿真结果表明，最优策略具有预测需求和回报的未来变化并及时作出与这些变化相关的决策的重要特性。Heydari 和 Asl-Najafi[66]研究了与随机需求相关的供应商/零售商系统中订单数量和销售工作决策的关系。其研究的主要目的是获得最佳平衡。

2.1.2 不同需求模式的营销策略

不同需求模式的营销策略主要从各种需求模式的分配计划、精准营销在销售决策中的应用以及销售决策与最优产品利润之间的关系三个方面进行探讨。

2.1.2.1 各种需求模式的分配计划

Kim 等人[67]提出了一种闭环供应链模型，以减少客户需求的不确定性。其研究结果表明，在特定条件下，具有不确定性预算的鲁棒性对等体与具有箱式不确定性的鲁棒性对等体相同。此外，他们证明了所提出的模型对不确定性有很强的影响，并且比确定性模型和其他鲁棒性模型表现更好。Sazvar 等人[68]分析了使用有机方法和传统方法生产农业食品的可持续供应链。他们试图在传统和天然产品的生产和消费之间取得平衡，以实现三个目标：降低成本、减少环境退化和改善消费者健康。其研究结果表明，供应链经理在形成可持续的健康生产和消费模式方面起着至关重要的作用。Moradi 等人[69]对供应链网络进行了主成分分析，以在不确定性下设计优化的供应链网络。他们证明了该方法可用于在合理的执行时间内设计一个活跃而灵活的供应链网络。陈永辉等人[70]基于零售商初始资本和市场需求的异质性以及供应商资金的约束，构建了以核心企业为主导的贸易信用融资模型。其研究结果表明，基于零售商的异质性，在供应商和零售商同时受资金约束的条件下，贸易信用融资模式中核心企业的最优贷款利率和零售商的最优订货决策存在且唯一。潘林等人[71]研究了两个制造商通过一个共同的零售商销售互补产品的供应链。其研究考虑了产品的交叉弹性对需求的影响，构建了基于溢出效应的线性需求模型，证明了在产品互补程度和捆绑产品单位利润给定的条件下，随着组件产品的需求弹性系数增加或捆绑产品的需求弹性降低，最优销售策略由混合捆绑策略转向纯捆绑策略。

王玉燕和于兆青[72]通过将消费者需求差异和销售渠道差异结合起来，同时考虑网络平台的特征变化，构建了制造商、零售商和网络平台构成的混合供应链系统。他们通过探讨消费者需求差异对系统决策的影响，计算出各个模式相应的定价、佣金以及利润等，进而运用数值算例的方法分析消费者需求差异对各个模式运行的影响。杨洁等人[73]针对联合采购联盟具有的层级联盟特征，通过考虑现实采购中的需求不确定性来研究此类联合采购成本的分摊问题，此研究可为各采购主体的策略选择提供理论依据和方法支持。其研究结果表明，联盟结合越紧密，联合采购所节约的成本越多，成员可通过提高自身的话语权来节约更多的采购成本。

冯春等人[74]通过考虑疫苗需求与疫区医院收治容量的关系,以疫苗期望短缺量最小为目标建立疫苗分配模型,推导分析了最佳服务水平和疫苗储备量,并给出了不同情形下疫苗的最优分配方案。经研究发现,在不考虑疫苗储备的情况下,无论需求的不确定性程度如何,为每个地区提供同等的服务有利于最小化疫苗期望短缺量;在考虑疫苗储备的情况下,向需求波动幅度较大的疫区提供更好的服务可以减少疫苗期望短缺量,但当疫区数量较多时,为每个疫区提供同等的服务更具公平性。宋现敏等人[75]通过考虑停车分配过程中用户利益与系统效益间的博弈关系,建立了预约模式下停车泊位利用率最大和用户成本最小的联合优化目标函数,构建了融合用户偏好特性的最优停车分配整数规划模型,设计了增广拉格朗日—交替乘子算法进行预约泊位分配方案求解。其研究结果表明,他们所提出的最优停车分配整数规划模型在泊位利用率、用户平均成本和请求接收率三个评价指标上的表现均明显优于经典分配模型。

2.1.2.2 精准营销在销售决策中的应用

Zhang[76]提出了一个基于大数据的在线精准营销系统,并采用了 Hadoop + MapReduce 精准营销模型平台。这项研究将所有数据存储在分布式存储系统中,并使用数据挖掘技术对其进行处理,从而为企业进行产品销售和定价决策提供基础。Liu[77]提出了一种将时空数据聚类和神经网络相结合的多维时空大数据模型的精准营销方案。这项研究演示了如何使用基于神经网络的时空数据来设计数据输入层,处理隐藏层并创建智能输出层。Xu 等人[78]提出了一种基于学习分类算法的混合数据挖掘模型,该模型可基于广义模糊软集理论进行精准营销。通过分析和统计测试,他们表明,该方法可以提高针对所有基本分类器的混合方法和组合方法的分类性能,以提高平均准确度、曲线下面积、H 度量和 Brier 得分。

钱明辉和徐志轩[79]从个体消费者的品牌决策偏好出发,借助机器学习算法开发出一款针对个体消费者品牌决策偏好的即时识别模型,对品牌选择行为进行预测。其研究结果表明,对社交网络中的品牌口碑进行文本语义分析和情感倾向分析是实现品牌在不同维度量化的有效工具;运用机器学习算法模型可以在一定程度上识别出消费者的品牌决策偏好,且机器学习算法模型相较于传统识别方法更为有效;基于消费者品牌决策偏好的产品推荐结果可以有效避免同质化产品的低价竞争,提高零售商利润。李新明[80]研究了当两个竞争商家通过同一个数据平台进行精准营销时,平台收费模式(费率佣金与按销量收费)对商家竞争以及平台与商家利润的影响。研究发现,费率佣金模式适用于垄断情况,而按销量收费模式更适用于竞争情况,并且费率佣金与按销量收费的结合可以实现平台与商家的共赢。万平等人[81]借助文本挖掘算法对消费者的选择偏好和行为习惯进行分类研究,并尝试借助粒子群优化(Particle Swarm Optimization,PSO)算法对支持向量机(Support Vector Machine,SVM)的参数作最优化处理,最终利用参数最优化的 SVM 对互联网保险论坛用户的消费行为进行精准营销预测,为建立有针对性的营销策略提供了科学的量化依据,也验证了 PSO-SVM 在文本分类上的良好效果。[81]

2.1.2.3 销售决策与最优产品利润之间的关系

Jahani 等人[82]考虑了需求和价格不确定性之间的相关性，并在实物期权定价中根据布朗运动提出了两个风险因素。他们重新设计了供应链网络，以证明公司财务状况得到了显著改善。其研究结果表明，忽略相关性的影响会使企业高估利润。Zhang 等人[83]进行了多变量分析，以研究影响购买多种产品的因素（如资源限制、需求预测更新和快速订购）。该研究提出了一个两层程序设计模型来解决买家的最佳购买决策问题。Xu 等人[84]探讨了零售电力市场（Retail Electricity Market，REM）中的负载服务实体（Load Serving Entities，LSE）如何向批发电力市场（Wholesale Electricity Market，WEM）提供最优能源储备方案和最优报价，以及在 REM 中确定最优价格，从而实现最大化利润的问题。他们还对由 WEM、REM 和一组最终用户组成的三级市场结构进行建模，以进行投标问题和定价问题之间的耦合。结果表明，联合投标和定价是一个两层编程问题，可以转化为单级、混合整数线性规划问题。

Chu 等人[85]研究了结合集中式库存系统的销售激励计划。他们经研究发现，与薪酬和库存管理系统相关的绩效评估选项的组合可以提高零售商店的毛利润，减少库存估值损失。孙艺萌等人[86]研究了在不确定需求下，通过考虑需求的时间和价格敏感性，探讨了由制造商和零售商构成的两周期供应链定价及订货联合决策问题。结果表明，需求不确定性以及需求的时间和价格敏感性对双方的定价、订货和利润具有影响。具有回扣的主从策略可使双方获得更高的利润，需求的不确定性以及需求的时间和价格敏感性的增加会降低双方利润。李新军和王利[87]运用数据包络分析（Data Envelopment Analysis，DEA）法测算 2013—2018 年制造业与批发零售业共 1937 家上市公司的营销能力和生产运营能力，采用计量模型研究营销能力和生产运营能力之间的关系及其如何影响企业绩效，并讨论市场需求不确定性的调节效应。其研究结果表明，营销能力和生产运营能力对企业绩效均具有显著正向影响，但营销能力的影响更强。此外，市场需求的不确定性可正向调节两种能力与企业绩效的关系，即两种能力在市场环境波动大的情况下对企业绩效的贡献更大。卢小军等人[88]通过分析垄断情况下绿色企业和非绿色企业的绿色新产品投资决策，构建了两阶段博弈模型，探讨了需求不确定性和外部性对非绿色企业投资时机决策、市场份额以及市场利润的影响。研究发现，当需求不确定性相对较高时，较大的绿色产品需求的外部性能使非绿色企业比绿色企业更早投资绿色产品。当绿色产品的外部性足够大时，非绿色企业能够在市场份额和利润上获得竞争优势。

2.1.3 产品定价和需求模式

有关产品定价和需求模式的文献着重研究需求对产品成本和定价以及消费者需求和购买意愿的影响。

2.1.3.1 需求对产品成本的影响

Wang 等人[89]研究了制造商在再制造和制造系统中必须考虑的最佳定价和生产策略问题。研究发现,在"自己定价"(Name-Your-Own-Price,NYOP)机制下,制造商的最佳策略主要取决于投标成本、节省的制造成本、产能和市场规模。Haddadsisakht 和 Ryan[90]研究了不确定性下新产品和退货产品的闭环供应链网络。他们的研究表明,根据税率调整产品流量带来的益处微乎其微,但调整运输模式可以替代建设额外设施,并可作为应对碳税不确定性的一种方式。Ghosh 等人[91]研究了绿色经济学中的企业战略,以得出产品绿色化水平、价格和利润的最佳价值,并探讨了产品绿色成本和政府法规对消费者市场中一家公司和双头垄断的影响。他们在需求扩展效应下对政府法规和决策进行建模,同时分析产品绿色化和定价的最终决策。研究发现,在较高的政府罚款或补贴下,绿色化成本较低的公司将提供比其竞争对手更高的产品绿色化水平,进而受益于绿色消费市场。

曹庆宁等人[92]以零售商和消费者同时瓜分制造商所提供产品折扣的共享折扣策略为研究对象,探讨折扣分配比例对最优批发价以及零售商订货决策的影响,并将该策略与批发价折扣策略和余货补偿策略进行对比。其研究结果表明,制造商在共享折扣策略下的最优批发价介于其他两种策略下的最优批发价之间。当产品成本较低且消费者所得折扣比例较高时,零售商的最优订货量随消费者折扣比例以及单位折扣金额单调递增,而且制造商和零售商在共享折扣策略下的利润也更高。郭强等人[93]通过研究绿色供应链中制造商的渠道入侵问题,构建了不同策略组合下的博弈模型,并得到了模型的均衡解。其研究结果表明,在零售商提供成本分担契约的情形下,制造商和零售商在固定直销成本处于中间范围时的利润均得到改善,并可以实现制造商、零售商和产品绿色化水平的"三赢"。

2.1.3.2 顾客需求与顾客购买意愿

Wang 等人[94]研究了客户在线评论,以衡量产品属性对客户满意度的影响。他们进行了逻辑回归分析,以确定制造商指定的设计属性是否会影响客户满意度,以及在线评论是否会促进消费者的口碑传播。Duarte 等人[95]使用结构方程模型研究了在线购物的便利性对消费者意图的影响。其研究结果表明,便利性、交易和监控会影响在线购物的便利性,而经常了解消费者对在线可访问性的看法和期望是持续改进的前提。杨淼和乔魏若寒[96]从消费者感知价值的理论视角,构建了"品牌联名产品属性—消费者感知价值—消费者购买意愿"的理论模型。经研究发现,企业在进行品牌联名时不能一味追求名牌效应,而应从情感价值、社会价值和成本水平入手着重提升产品内在价值。在寻求品牌联名时应优先考虑品牌联名双方的价值适配性,灵活适度地使用限量供应、提高产品价格等营销方式。

汪乐等人[97]基于不同渠道产品的质量感知不同,考虑由一个线上零售商和多个线下零售商组成的双渠道零售,构建了线上零售商不引入和引入直播的博弈模型。其研究结果表明,在双渠道零售下,线上零售商是否引入直播取决于线下零售商的数量。随着产品价值的增高,线上零售商引入直播的决策区间先增大后减小。当线上零售商引入直播时,随着线下零售商数量的增加,直播/线下零售价、线上零售商/线下零售商的需求以及线上零售商/线下零售商的利润都将降低。马守宇等人[98]基于多销售渠道退货异质性和消费者需求随机性,研究"线上购买,线下取货(Buy Online and Pick up in Store,BOPS)"模式下的零售商最优订购决策和供应链契约协调问题。其研究结果表明,零售商期望利润是关于订购量的凹函数,存在唯一的极值使零售商期望利润最大化。不同渠道的退货率对零售商最优订购量的影响存在显著差异。受退货问题影响,回购契约、收益共享契约在 BOPS 模式下均不能实现供应链协调。

毛照昉等人[99]通过模型刻画消费者对在线课程的质量不确定性随免费试听时长的变化,分析同时提供精品课程和普通课程的垄断在线课程平台的最优试听策略,并进一步探讨捆绑销售对在线课程平台最优免费试听时长和最优定价决策的影响。研究表明,尽管免费试听能减少消费者对课程质量的不确定性,但当两种课程的质量差异较大时,平台应只提供精品课程免费试听而非对两种课程都提供试听。此外,相较于非捆绑销售,捆绑销售可使在线课程平台和消费者都受益。王大澳等人[100]在考虑消费者行为的基础上,分析了零售商提供互联网信用支付对零售商的最优订货量以及期望利润的影响。他们通过构建零售商在面临随机市场需求时选择提供和不提供互联网信用支付产品的利润函数,给出了在两种情况下零售商的最优订货量的解析解。其研究结果表明,零售商在对产品定价时需要综合考虑最优订货量和期望利润,因为获得最优订货量的零售价不一定会使零售商获得最大期望利润。

2.1.3.3 需求对产品定价的影响

Chan 等人[101]开发了一个系统的框架来确定在存在竞争产品的情况下,正在推出(或重新推出)的全新(或现有但经过改进)的化工产品的最优价格。他们用三个要素来阐释这个框架:第一个是由效用函数导出的具有恒定替代弹性的定价模型,它说明了企业对所考虑产品和消费者偏好的了解。第二个是一组关系,这些关系将消费者偏好和可用于重新发布产品的相关销售数据与定价模型参数相关联。第三个是一种用于选择定价策略和估计定价模型参数的试探法,这个方法可以让企业在利润最大化问题中确定最佳价格。他们认为,该框架允许将产品规格作为设计变量来同时优化产品质量和价格。Li 和 Teng[102]为销售易腐产品的零售商构建了一个联合定价和批量确定的模型,其中,需求不仅取决于售价和参考价,而且取决于与到期日期和显示的库存水平相关的产品新鲜度。他们将问题公式化为确定性模型,在该模型中,零售商可确定最佳销售价格和期末存货水平,以便使折现的总利润最大化。理论分析表明,最优定价和期末存货水平在时间上都是单调的。Agi 和 Soni[103]构建了一个共同优化易腐产品的定价和库存控制的确定性模型,用于研究这些易腐产品受到物理恶化和新鲜状况恶化的影响。他们研究了模型存在最优解的条件,并提出了一种算法来找到价格、周期长度、订单数量和期末库存的最优值。

Li 等人[104]研究了由离散混合多项式 logit（Mixed Multinomial Logit，MMNL）模型给出的产品线价格优化问题。他们将 MMNL 下的利润函数表征为一组拟凹函数的总和，给出了有效的优化算法，并使用英特尔公司的数据演示了方法的应用。Jamali 和 Rasti-Barzoki[105]考虑了非绿色产品与绿色产品竞争的问题。Hong 等人[106]通过考虑消费者的环保意识（Consumer Environmental Awareness，CEA）和非绿色（常规）产品来研究绿色产品的定价问题。其研究结果表明，面对具有差异化购买行为的消费者，企业应采取差异化定价策略。Cohen 等人[107]构建了一个功能模型，以验证直接提供给消费者的政府补贴是否会影响供应商的生产和定价决策。其研究结果表明，分散决策是供应商联合管理和政府决策者的最佳选择。Li 等人[108]研究了闭环供应链中制造商的回收、再制造和定价策略。这项研究建立了一个具有定价策略的报童框架，经研究发现，库存因素会影响制造商的回收政策。Modak 和 Kelle[109]在消费者需求随机的情况下研究了基于价格和交货时间的双渠道供应链。他们通过考虑五个决策变量、零售和在线渠道的价格和订单数量以及在线渠道的交付时间，构建了一个利润最大化的数学模型。Bárbara 和 Ventura[110]使用博弈论模型中的定量折扣分析去中心化供应链中供应商和购买者之间的关系。

杨振华等人[111]通过研究企业社会责任（Corporate Social Responsibility，CSR）对技术授权以及企业产品定价的影响，构建了技术授权与产品分销两阶段动态博弈模型。王文杰和刘亚洲[112]基于双渠道零售主体的区别，分别构建了零售商均过度自信、仅实体零售商过度自信、仅电子零售商过度自信以及两者均不过度自信的四种博弈模型，并比较分析了渠道竞争强度和零售商过度自信水平对供应链定价决策、利润收益的影响。其研究结果表明，零售商之间的渠道竞争强度和过度自信水平是影响品牌制造商利润的重要因素。赵菊等人[113]研究了线上、线下零售商的跨渠道合作退货策略。在不同的退货策略下，他们建立了 Stackelberg 定价博弈模型，分析了退货策略对产品均衡价格和渠道需求的影响，讨论了线上零售商的跨渠道退货策略的选择问题。其研究结果表明，与同渠道退货策略相比，随着产品匹配率增高，跨渠道合作退货策略下的产品定价受产品匹配率影响更大且高于同渠道退货策略，线上或线下渠道的市场需求以较小的幅度递增或递减。胡娇等人[114]将消费者策略行为引入全渠道零售中，构建了零售商在两阶段均不投放广告、在第一阶段正常期投放广告及在第二阶段优惠期投放广告等三种广告决策模式下全渠道两阶段广告投放与动态定价模型，探讨了全渠道零售商的最优响应策略。其研究结果表明，当消费者的策略性水平偏高、广告的影响系数适中时，零售商在优惠期投放广告是最优的。当消费者的策略性水平及广告的影响系数都偏高时，零售商选择在两阶段均不投放广告是最优的。赵道致和冯慧中[115]通过考虑产能分享双边市场具有网络外部性及产能需求方对加工交期和价格具有敏感性，研究了垄断型制造业产能分享平台的定价策略。其研究结果表明，注册费模式下的平台均衡利润大于固定交易费模式下的平台均衡利润。两种定价模式下的平台利润与双边用户的网络外部性均呈正相关,与产能需求方的交期预期偏差均呈负相关,与产能需求方的产能价格预期均呈正相关。

2.1.4 文献评述

总体来看,需求理论研究一直引起学术界的广泛关注,涵盖了几乎所有领域,包括哲学、经济学、数学、管理学、心理学等多个学科。在消费品供应链领域,需求导向下的产品供应链相关问题得到了广泛讨论,获得了较为丰硕的研究成果。[52-115]与此同时,这些研究成果不断丰富和发展着需求理论,充分显示出需求理论研究的重要性和学者们对该领域的研究热情。

具体而言,通过梳理相关文献,我们发现了有关消费者需求和企业产品销售的大量研究。但是,这些研究侧重于消费者对产品质量、服务、经验和产品满意度的看法。此外,学者们在消费者需求不确定的情况下,更关注闭环供应链。很少有学者采用利润最优的观点来根据需求考虑消费品供应链中的最优销售决策。

我们对这些研究进行了系统的梳理,发现当前需求导向下的供应链研究方法主要有四种:理论研究、定性研究、定量研究和数学建模。研究内容主要包括产品的质量、服务、体验对消费者满意度及需求的影响,消费者需求不确定下的闭环供应链及贸易促销决策等,很少有学者从利润最优的视角来研究基于需求的消费品供应链中的产品供应决策。

与此同时,我们已经根据 Marcuse[15]、兰俏枝和高德步[38]及张泓铭[39]的相关研究对本质需求、非本质需求的相关概念进行精确的定义,并且在 Crawford[41]的"普通产品购买行为"的研究基础上提出中间需求(半本质需求),同时也对管理实践中需求的这三种模式的真实场景进行了系统的模拟。模拟结果表明,需求的这三种不同的模式真实存在于消费品供应链领域,却容易引起学者们和企业的忽视。

我们对上述相关文献进行系统的梳理后发现,除了对本质需求和非本质需求进行精确的定义外,相关文献仅限于研究不确定情况下的需求和销售决策,并且大多数研究都只考虑制造商与个人客户之间或零售商与个人客户之间的产品供应策略。但是,目前尚无关于多个目标用户(即制造商与个人客户、制造商与集团客户、零售商与个人客户、零售商与集团客户)的产品供应策略以及企业使用不同需求模式的最佳利润效应的研究。

我们认为,产品的生产和销售的发展是由顾客需求驱动的,顾客对产品的偏好极大地影响着市场细分程度,也决定着制造商和零售商的效益。所以,需求是制造商和零售商实施各种创新营销策略的关键动力和起点。利润最大化极大地影响着各种销售决策,实现利润最大化是企业的战略目标。在消费品供应链领域,需求的这三种不同的模式涵盖了各个行业的各种产品,成为影响消费者购买行为的重要因素。对于产品制造商或零售商而言,至关重要的是针对不同的客户制定不同的产品供应策略,以准确地指出他们的不同需求模式。因此,企业需要针对不同需求模式下的制造商和零售商的产品供应策略和最佳利润效应进行进一步研究,以便在三种需求模式(本质需求模式、非本质需求模式和中间需求模式)下为个人客户和集团客户制定最优的产品供应策略。

与此同时,我们还发现,现有文献的研究方法绝大多数都是数学建模方法,这些研究分别利用随机规划模型、整数规划模型、神经网络分析、拉格朗日算法、非负矩阵因子、数值算例分析等方法对需求影响产品供应链进行研究,并构建了多个函数模型,涵盖了需求在消费品供应链领域中产品供应决策的各种应用场景。这些研究为本书研究的模型构建部分提供了具有可操作性的方法。

2.2 理论基础

理论是在逻辑上相互联系并能获得验证的若干命题。[116-117]在管理学研究领域,理论是使用科学方法建立知识体系的重要因素,它可以有效地揭示研究对象各部分之间的内在关系及研究对象的活动规律,它在科学研究与学科发展中具有基础性作用。学者们进行相关理论基础的研究是为了参考前人提出的理论,以便为形成新的概念性观点奠定基础。[118-119]

本书研究的是不同需求模式下制造商和零售商针对不同类型的客户制定的产品供应策略,从而探析消费品供应链领域中产品的供应决策机理。问题意识是人类社会发展进步的"基本方法",[120]因此解决研究中存在的问题显得至关重要。

从宏观的角度来说,供给和需求的关系是最基本的市场经济关系,供给和需求之间的矛盾是经济发展的主要矛盾。其中,有一个始终贯穿需求与供给整个过程的经济活动,那就是生产和消费。马克思认为,生产和消费是人类社会的基本经济活动之一。因此,生产和消费具有同一性。马克思还认为,生产直接是消费,消费直接是生产。每一方直接是它的对方。可是同时在两者之间存在着一种中介运动。生产中介着消费,它创造出消费的材料,没有生产,消费就没有对象。但是消费也中介着生产,因为正是消费替产品创造了主体,产品对这个主体来说才是产品,产品在消费中才得到最终完成。[121]马克思的研究表明,没有生产也就没有消费,同样,没有消费就不会产生生产。因此,消费就是生产,生产就是消费。人类是在消费中生产和在生产中消费而存在的,这是人存在的基本状态和基本方式。[122]

在以企业经营为核心的市场经济活动中,深刻地理解生产与消费的辩证关系具有重要的意义和价值。马克思的研究表明,需求是物质生产活动的内在驱动力,而任何社会形态中的经济活动都是供给和需求活动的过程。[122-124]但是,随着经济社会的不断发展和科技的不断进步,市场内外部结构和条件在不同的场景下都会发生改变,如经济领域的供需关系和市场营销领域的供需关系在管理实践、研究方法、结果上都不一样,因此,供需关系的具体内涵也同样会发生相应的变化。

具体到本书的研究领域,本书研究的主要问题是制造商和零售商在不同的需求模式下如何针对个人客户和集团客户制定不同的产品供应策略,其核心内容是需求。但会出现一个需要解决的问题,那就是企业如何根据顾客需求制定产品供应策略。前文已就需求的内涵和在消费品供应链领域的具体应用进行了详细的探讨,相关研究表明,需求来自消费者,是由消费者的行为决定的。供给来自生产者,是由生产者的行为决定的。它们之间存在相互作用和不可分割的关系。首先,生产因素促使企业提供有形或无形的产品或服务,为顾客创造具体的使用价值,使顾客需求得到满足。其次,企业的生产和销售不仅仅造就了消费对象,而且也创造了消费工具,最终形成特定的消费方式。最后,企业生产和销售的产品,为消费者所感知,其通过在消费主体身上引发市场需求,最终形成消费动力,这种企业为实现经营目标而进行的有规则的活动的实质就是企业行为。[125]除此之外,企业还需对另一个问题进行考虑,那就是由于销售渠道和销售方式的不同,制造商和零售商对客户采取的销售模式也不同。例如,制造商针对个人客户和集团客户采取的是直销模式,零售商先向制造商批发产品(进货),然后再根据不同类型的客户采取不同的营销策略,如对集团客户采取批量折扣营销策略、对个人客户采取组合销售和量大优惠折扣营销策略等。此外,个人客户和集团客户的购买行为、购买意愿、购买方式等也完全不同,这几种因素的不同必然导致制造商和零售商针对这两种类型的客户所制定的产品供应策略不同。因此,需要解决的问题是制造商和零售商如何针对个人客户和集团客户分别制定产品供应策略。

与此同时,本书研究的另外一个关键问题是制造商和零售商如何根据顾客需求制定产品供应策略,从而实现利润最大化。研究这个问题的目的是使制造商和零售商为不同类型的客户(包括个人客户和集团客户)制定最佳的产品供应策略,以最大程度地提高产品获利能力。[126]但是,我们发现商品市场中真实存在着供大于求和供小于求两种情况,前文已对不管是供大于求还是供小于求都无法实现企业利润最大化的问题进行了深入的分析和探讨。那么,如何找到这两种情况的交叉均衡点是本书需要解决的关键问题。

基于上述分析,我们认为,在制定最佳产品供应策略时,制造商和零售商必须首先考虑市场均衡问题。其次,制造商和零售商在考虑顾客需求和市场均衡问题后,为了达到产品的利润最大化,必须对产品的供应策略进行分析,并从中选择一个最优方案。最后,在实施最优方案的过程中,对生产和销售存在的制约因素进行最优改进,从而更有效地实现企业产品利润最大化的目标。因此,我们选择企业行为理论、均衡价格理论、决策理论、约束理论作为分析不同需求模式下的产品供应策略的理论基础。

2.2.1 企业行为理论

企业行为理论(Enterprise Behavior Theory)源自经济学大师亚当·斯密的"经济人"假设,因此自它诞生起,就与企业理论有着密不可分的关系。理查德·M.西尔特和詹姆斯·马奇[127]两位学者将企业理论与组织理论相结合,以探究企业内决策程序,并提出了企业行为理论。企业行为理论阐述了企业如何决定产品价格、产品数量以及企业内部的资源分配等。企业可在所获得信息的基础上,提出一系列可供选择的方案,然后根据目标从这些可供选择的方案中选定一个最优方案。

Cyert 和 March[128]以企业决策为核心提出了企业行为理论,该理论主要解释了企业的决策过程及其对企业行为的影响。Cyert 认为,企业行为理论的核心思想有三个:有限理性、不完全环境匹配及未解决的冲突。企业的任何决策都是围绕这三个核心思想制定的,[129-129]这三个核心思想具体如下。

(1) 有限理性

在决策过程中,由于受到数据分析能力的限制,决策者不可能考虑到企业运营中可能出现的各种情况而作出最优决策。在这种前提下,决策者不可能找到最优解决方案。在新古典企业理论中,相关学者指出,企业将在众多的可选择方案中识别、选择和实施最优方案。而企业行为理论则认为,决策者并不是去寻找理想中的最优方案,而是通过设定一定的企业战略目标,并遵循客观规则和通过数据工具分析来确定满足这一目标的最优备选方案。

(2) 不完全环境匹配

在管理实践中,决策者运用的工具、方法和模式等与其所处的内部和外部环境往往具有一定的差异性。新古典企业理论认为,内外部环境的差异会导致决策者所运用的工具、方法和模式存在差异,决策者可以运用具有普遍优势的分析工具来获取自己的优势地位。企业行为理论则强调历史规则、形式和惯例是不断演化的,决策工具、方法和模式之间是无关联的,具有不确定性。

(3) 未解决的冲突

组织中决策者并非只有一个,他们之间往往具有相互冲突的利益关系,即未解决的冲突问题。新古典企业理论忽视了企业内部各个决策者之间存在各种利益冲突。企业行为理论则认为,企业内部各个决策者之间通过不断地谈判、协调来处理组织、团队和个体三者之间的利益关系,在保证各自利益的前提下达成合作协议。[129-130]

斯艾特和曼茨丰富和发展了企业行为理论。他们认为,传统企业理论即使在一般水平上说明价格机制的资源配置过程是有效的,但用来说明现实企业内部资源配置、有关价格及产量的决策过程却未必合适,因此,他们尝试提出吸收组织理论成果的新理论。[131]

斯艾特和曼茨的研究表明,每个企业按照自己的决策体系和战略目标,在一定程度上都能够自己作出决策。但是,企业根据企业行为理论能提出符合战略目标的更为有利的决策与建议。斯艾特和曼茨认为,对于实现这一目标,以下五个方面是十分重要的。[131]

(1) 生产目标

企业的生产活动是极为重要且复杂的,它在生产目标方面包含两个要素:一是顺利运转目标,即在各时期之间的生产变化到一定程度以上便是不好的;二是生产水平目标,即努力使生产达到一定水平及其以上。

(2) 库存目标

对企业来说,无论是原材料还是制成品,保持一定的储备量都是重要的。原材料的库存不足,将妨碍生产顺利进行;制成品库存不足,将妨碍产品的销售,给客户带来不便。由此可见,库存起到平衡生产和销售的作用。但是,由于库存产品会给资金周转带来一定的困难,因而与企业的利益相矛盾。

(3) 销售目标

对每个企业来说,出售已生产出的产品和已提供的服务是最重要的经营活动。企业要想实现绩效的提升,就必须完成产品或服务的销售活动。完成销售活动集中体现在完成销售目标及扩大市场占有率上。

(4) 市场占有率目标

这一目标不仅与衡量销售目标的尺度有关,还与销售目标存在着替代关系。此外,市场占有率目标与企业实现战略目标有着密切的联系。

(5) 利润目标

企业利润为保障企业成长而必备的固定资产投资、股东红利、债权支付提供了主要的资金。利润最优是衡量企业经营业绩最直接有效的标准。

在现有需求与供给的研究中,学者们运用企业行为理论分析和探讨了影响需求与供给辩证关系的因素,丰富和发展了企业行为理论。例如,Dai 等人[132]分析了碳排放权交易试点政策对制造企业生产率的影响。结果表明,贸易权并未对中国制造企业的生产率产生"波特效应",也没有根据企业所有权的性质在子样本中产生"波特效应"。陈彪等人[133]以数字情境下的新企业为研究对象,构建产品创新、投机导向、不良竞争和新企业成长间的关系模型。其研究结果表明,数字情境下的产品创新能促进新企业成长,投机导向和不良竞争会抑制产品创新对新企业成长的积极影响。林贵华等人[134]针对生鲜农产品的供应链网络,通过考虑生产外包和物流外包,引入平均新鲜度来刻画需求市场对生鲜农产品新鲜度的要求,并以生鲜企业利润最大化为目标,构建了含有平均新鲜度约束的广义纳什均衡模型。其研究结果表明,增加政府补贴率,有利于促进生鲜企业参与区域农户脱贫,提高生鲜企业利润。当平均新鲜度下限超过某一阈值时,生鲜企业倾向于内部生产和内部运输。生鲜企业引入生产外包,有利于增加市场供给,降低市场价格,提高企业利润,进而实现各方共赢。林晓刚等人[135]在混合销售模式下运用 Stackelberg 博弈方法构建了由两个涉农企业和单个电商平台组成的农产品电商供应链的决策模型,探讨了平台企业如何制定两个涉农企业的区块链技术提供策略来共享市场需求信息。其研究结果表明,市场需求的不确定性与佣金比例是影响平台企业提供区块链技术的关键因素。

2.2.2 均衡价格理论

均衡价格理论(Equilibrium Price Theory)源自希克斯的《价值与资本:经济理论的若干基本原则之探究》。希克斯的主观价值理论是一般均衡理论的基础,他在序数效用论和无差异曲线的研究基础上构建了一般均衡体系下的价格决定模型。希克斯因对一般均衡理论的首创性贡献获得了 1972 年的诺贝尔经济学奖。[136-137]

均衡价格是指产品的需求量与供给量相等时的价格。当实现了市场供求均衡时,该产品的需求价格与供给价格相等称为均衡价格,该产品的需求量与供给量相等称为均衡数量。[138]曼昆[139]认为,在大多数自由市场上,价格都会产生这样一种状态,那就是最终都要变动到其均衡水平,供应过剩和供应短缺往往只是暂时的,任何一种产品的价格变动都可能会使该产品的供需关系达到平衡。保罗·萨缪尔森和威廉·诺德豪斯[140]认为,在经济学中,均衡意味着市场运作中的不同力量处于平衡。茅于轼[141]认为,均衡价格可以度量产品的真实价值,原因在于管理实践中任何产品不管是需求量大于供给量还是需求量小于供给量,价格都在交换双方的自发谈判中向均衡水平移动,最终的结果往往都是价格达到均衡。

茅于轼[141]还从数学的逻辑性和严谨性来论证均衡价格理论。他用两条公理性假设来进行论证:其一是假设某种产品的消费量增加时,顾客消费此种产品获得的满足感会不断减少,即产品的边际替代能力递减,那么可以推导出需求量随价格的上升而减少。其二是假设某种产品的边际生产成本递增,如果企业关心产品的利润,当且仅当价格上升时才会增加产品的生产量,那么可以推导出的结果是供应量会随着价格的上升而增加。这两条公理性假设说明,产品供不应求时价格会上升,产品供过于求时价格会下降。那么,最终的结果往往是市场会通过价格的波动达到供需均衡。在这个过程中,需求和供给任何一方的短缺决定了价格波动的方向,而价格的波动又改变了短缺的方向,从而在需求和供给之间的交叉点达到均衡状态,此时不管是供给还是需求,短缺都为0。

在现有需求与供给的研究中,学者们运用均衡价格理论分析和探讨了影响需求与供给辩证关系的因素,丰富和发展了均衡价格理论。例如,Arutyunov等人[142]分析了非线性市场模型中均衡价格向量的存在。他们在该模型中,通过最大化生产者的效用和利润来获得需求和供给函数。Tian[143]研究了产品可能是不可分割的且过度需求函数可能不是连续的经济体中的价格均衡存在定理。他引入了一个弱的连续性概念,即递归转移下半连续性,它与瓦尔拉斯法则一起保证了需求过多的经济体中价格均衡的存在。冯庆水和张学威[144]在假设双寡头厂商之间不存在杀价竞争的基础上重新推导了Hotelling模型的均衡结果,并分别构建了对应的均衡价格、需求量和利润的数学表达式。严磊等人[145]研究了网购偏好型消费者的双渠道广告与价格竞争策略问题。他们通过构建双渠道情形下制造商投放大众广告与定向广告优化模型,给出了不同渠道结构、不同广告投放模式下的均衡决策和均衡利润。

黄毅祥等人[146]考虑了电动汽车分时租赁平台的定价策略问题。他们在考虑消费者预期的基础上,研究了需求函数为线性情形下的多人博弈。研究结果揭示了降价幅度、交叉价格和价格敏感消费群体占比对均衡价格、均衡需求量和利润的影响,并进一步讨论了价格竞争过程中各租车企业的决策过程与利弊关系。蔡祖国等人[147]针对混合型线上销售商同电商平台的部分一体化行为,构建了两者部分一体化的博弈模型,考察了混合型线上销售商接入电商平台的定价策略选择,探讨了部分一体化行为对电商平台与混合型线上销售商的利和弊。其研究结果表明,当混合型线上销售商按平台接入规则定价时,虽然部分一体化行为对电商平台业务短板的补齐效应较为明显,但会使混合型线上销售商丧失寡头定价优势。当混合型线上销售商按寡头垄断策略定价时,虽然部分一体化行为对电商平台业务短板的补齐效应较弱,但能巩固混合型线上销售商的寡头垄断优势。因此,混合型线上销售商可最优地选择寡头垄断定价策略。鄢章华等人[148]在需求价格函数的基础上,通过考虑消费者对质量与价格的参考效应,构建了寡头价格竞争模型,并进一步分析了模型参数变化对均衡结果的影响。其研究结果表明,均衡价格与技术能力呈负相关,均衡市场需求和均衡利润与自身技术能力呈正相关,与竞争对手的技术能力呈负相关,且技术能力对均衡结果的影响存在边际效应递减特征。

2.2.3 决策理论

人类总要选择适当的方法以达到某种目的,这就需要进行思考并作出决策。决策存在于人类的一切实践活动中,是人们从事各项活动时应用的一种择优手段。因此,决策是人们为了实现某一特定的目标,根据主客观条件,提出可行方案,然后采用一定的方法对其进行分析比较,最终选出最满意的方案并且将其付诸实践的过程。[149]刘婧颖和张顺明[150]对不确定性下的行为决策理论进行了系统的梳理和综述。他们通过梳理行为决策理论相关文献,按照历史脉络将其理论发展大致归为三个阶段:① 20 世纪 50 年代至 70 年代,以期望效用理论为基础的信息判断和选择阶段;② 20 世纪 70 年代至 80 年代,以非期望效用理论为特征的行为变量嵌入理性决策模型阶段;③ 20 世纪 80 年代末至今形成的主观不确定情形下的现代决策理论阶段。他们认为,非期望效用和期望效用理论在经济和管理学领域中有着更为广泛的应用,进一步推动了经济与管理学的跨学科融合发展。

决策理论(Theory of Decision Making)中最重要的思想是"管理就是决策"。[151]管理决策的核心在于决策贯穿于整个管理过程;决策并非是做决定的那一瞬间的行动,而是一系列相互联系的工作构成的一个过程,这些工作包括情报活动、设计活动、选择活动和审查活动。在这个过程中,定量化的方法(主要是各种数学工具的运用)给决策提供了一定的便利性。与此同时,决策者的个人偏好和经验等主观因素对决策有很大的影响。梁樑[149]等人认为,决策理论中的效用理论更能准确地反映决策者心中对各种后果的偏好次序。效用是指消费者在消费产品时感受到的满足程度(主观心理感受)。在决策理论中效用是指对偏好的量化,决策后果是决策者的实际价值所在,即决策者对后果的偏好次序用效用来描述。

在效用理论中,对于相同的产品,不同的消费者有着不同的期望值。在不同的环境和心理作用下,同一个消费者会有不同的决策选择。决策选择实质上就是效用函数,它是对应于决策结果的实值函数,表示消费者在消费中所获得的效用与所消费的产品组合之间的数量关系。效用函数 $U(x)$ 是一种相对度量尺度,取值范围一般介于 0 和 1 之间,即 $0 \leqslant U(x) \leqslant 1$,其中 x 是收益值,而效用函数是 x 的增函数。

在决策理论中,效用既可反映决策方案的结果,也可反映满足和实现决策者需求和愿望的程度。同时它也是量值,可用具体的方法来测量,如 Neumann 和

Morgenstern[152]提出的标准测定法可作为决策分析的依据。

在现有需求与供给的研究中,学者们运用决策理论分析和探讨了影响需求与供给辩证关系的因素,丰富和发展了决策理论。例如,Creutzig等人[153]探讨了减缓气候变化的需求方解决方案。他们提出了一种跨学科的方法来分析需求方的气候解决方案,通过分析方案的可行性,从而制定政策以评估减缓气候变化对人类幸福感的影响。Liu等人[154]考虑了物流服务供应链(Logistics Service Supply Chain,LSSC)的绩效问题。他们建立了一个结构方程模型,用于评估需求更新、决策行为和供应链绩效之间的关系。其研究结果表明,作为中介变量的需求更新不会对供应链绩效产生直接影响,此外,需求更新对物流服务集成商(Logistics Service Integrators,LSI)的影响比对功能性物流服务提供商(Functional Logistics Service Providers,FLSP)的影响更大。Rashidizadeh-Kermani等人[155]提出了一种规避风险的随机双层规划方法,以解决不确定性条件下竞争市场中零售商的决策问题。他们认为,零售商通过制定最佳竞标策略来确定日前(Day-Ahead,DA)监管市场的参与程度,以期实现预期利润最大化。Nematollahi等人[156]研究了具有随机需求的两级药品供应链中访问间隔和服务水平的同时协调问题。他们分析了分散式和集中式决策结构下的两个成员的决策,然后针对这两种不同的情况提出了一个协作模型:经济协作和社会协作。同时,他们通过数值算例对不同决策结构的性能进行了比较分析。分析结果表明,在访问间隔和服务水平上的协作决策可能会给社会和经济带来巨大的好处。胡玉真等人[157]在分析社区需求变动和网格仓配送决策的相互作用机制的基础上,提出了一种社区需求预测-网格仓配送决策迭代优化框架,并构建了基于支持向量回归算法的需求预测模型,实现了社区订单需求量的预测。其研究结果为社区新零售下网格仓的运营决策优化提供了理论依据。

2.2.4 约束理论

约束理论(Theory of Constraint,TOC)是在以色列物理学家戈德拉特提出的最优生产技术的基础上发展起来的。最优生产技术是一套可提高生产量、减少库存量的分析型技术理论。Olhager[158]已把计划和控制的观点从内部生产运营扩展到将供应商、制造商和客户联系在一起的供应链运营,并探讨了计划和控制演变的主要趋势,这个演变过程是从车间控制到物料需求计划(Material Requirements Planning,MRP)、主生产计划(Master Production Scheduling,MPS)、销售和运营计划(Sales and Operations Planning,S&OP)、再到供应链计划(Supply Chain Planning,SCP)的一系列过程。因此,约束理论是帮助企业在生产、销售等领域进行改进的一套管理理念,其核心在于找出各种条件下生产的内在规律,寻求一种分析生产经营问题的科学逻辑思维方式和解决问题的有效方法。由此可知,约束理论可以帮助企业了解在实现目标的过程中存在哪些制约因素,并进一步指出如何实施必要的改进措施,从而更有效地实现企业目标。[159-160]

企业的最终目标就是在现在和将来赚取更多的利润,只有当企业能够持续盈利的时候,才能够在竞争中求得生存。为了实现企业利润最大化这一目标,约束理论在企业全局性指导思想的基础上,提出了衡量指标[161]:有效产出(Throughput,T)、库存(Inventory,I)、运行费用(Operating Expenses,OE)。

根据约束理论,企业在经营过程中的各种运营决策都是围绕有效产出最大化来制定的。因此,企业需要通过降低库存费用和运营费用来扩大有效产出,用数学公式来表示,就是 $T = S - TVE$,其中 T 代表有效产出,S 代表单位时间内产品的销售收入,TVE 表示单位时间内的边际成本,包括原材料、采购、销售、管理成本等。[160]

在现有需求与供给的研究中,学者们运用约束理论分析和探讨了影响需求与供给辩证关系的因素,丰富和发展了约束理论。例如,Tsou[162]研究了目标库存水平如何调整的问题。他利用约束理论探讨了动态调整库存水平的目标,从而分析了供应链合作策略。同时,他运用三种时间序列数据挖掘技术——顺序概率比测试(Sequential Probability Ratio Test,SPRT)、CUSUM 图表和自回归测试(Auto-Regression Test,ART)检测市场需求变化的时机。其研究结果表明,该技术可以有效地调整目标库存水平,并且基于三种需求变化检测方法还可以将其用于分析各种库存管理策略对库存绩效的有效性。Puche 等人[163]探讨了企业在合理的运营费用和投资下实现高客户服务水平的供应链管理(Supply Chain Management,SCM)问题。他们提出了一个旨在提高供应链协作效率的集成框架,这是基于比尔的可行系统模型(Viable System Model,VSM)和戈德拉特的 TOC 的综合应用。研究结果证实,这个框架在 SCM 中具有可行性和有效性。

Leng 等人[164]研究了 SCM 的实施问题。他们提出了一种新的缓冲区大小调整方法,该方法考虑了活动持续时间风险以及不确定性下的资源约束风险。首先,他们使用贝叶斯网络确定关键的风险因素,并有效评估 SCM 活动持续时间的风险。其次,他们通过使用资源流网络来适当地确定资源约束风险。最后,他们提出了一种合理的缓冲区大小调整方法来构建稳定的关键链调度计划。杨宏林等人[165]研究了需求信息更新情形下,单一制造商和单一资金约束零售商组成的两级供应链的定价与融资订购决策问题。其研究结果表明,当零售商初始资金水平越低或更新的需求估计值越大时,制造商将会采取更为激进的定价策略。朱江华等人[166]针对需求不确定情形下政府如何对生鲜农产品供应链进行补贴的问题,在考虑财政资金的约束下,分别构建了无政府补贴、采购补贴和销售补贴三种情形下的博弈模型。其研究结果表明,补贴策略的选择与财政预算密切相关。在财政预算充裕时,两种补贴策略都有效且可行,都能平抑物价、增加供给、拉动需求。从改善社会整体福利的角度来看,采购补贴为最优策略。从补贴资金效率的角度来看,销售补贴为最优策略。

李永飞等人[167]基于 Stackelberg 非合作博弈理论,研究了随机需求(Stochastic Demand,SD)和收益共享(Revenue Sharing,RS)共同影响下的供应链协调问题。他们分别构建了单周期报童 SD 约束下的分散式供应链(Divided Supply Chain,DSC)和集中式供应链(Integrated Supply Chain,ISC)决策模型。

其研究结果表明,如果零售价给定,那么 DSC 的整体最优收益小于 ISC,收益共享供应链(Revenue Sharing Chain,RSC)收益可达到 ISC 收益。随着订购量的增大,DSC 和 RSC 零售商利润均先增加后减少;DSC 制造商利润增加,但 RSC 制造商利润先增加后减少。单位过剩成本、单位零售成本对 DSC 及 RSC 订购量具有负向影响,零售价和单位缺货成本则对 DSC 及 RSC 订购量具有正向影响。

2.2.5 研究启示

从上述理论的相关分析可知,企业行为理论、均衡价格理论、决策理论、约束理论这四个理论在需求导向下的消费品供应链领域应用广泛,对本书最终的研究目标"探析不同需求模式下消费品供应链领域中产品的供应决策机理"具有较强的理论指导作用。

我们认为,顾客需求是研究的核心,需求决定供给,供给创造需求,它们之间存在相互作用和不可分割的关系。在这种关系下,实现利润最大化是企业的战略目标,在实现这个目标的过程中,必然会出现企业生产、定价、广告投入及短期、中长期经营规划等企业实际经营中的各种行为,这些关于企业实际行为的研究都属于企业行为理论的范畴。但是,在一个市场体系内,产品的供求情况反映了其供给总量和需求总量的关系,因此存在供大于求或供小于求两种情况。与此同时,这种关系并非一成不变,如在供小于求的情况下会增加生产量,在供大于求的情况下会减少生产量或者停产,而这时的产品价格也会随之发生改变。制造商和零售商如何在供大于求或供小于求这两种情况下找到一个价格的交叉平衡点,达到理想状态下的供需均衡,实现产品的利润最大化是本书考虑的重点问题,而均衡价格理论为解决这个问题提供了理论依据。制造商在找到这个价格的均衡点后,就要根据这个价格制定相应的生产计划,即通过数学工具和计算机计算出最优生产量,从而达到最优利润。这种以问题为导向,为实现一定的目标,决策主体(即决策者)在一定的环境与条件下,在具有一定信息和经验的基础上,借助一定的工具和方法对影响因素进行分析与评价,制定行动方案,在多个可能的方案中选取一个符合自己偏好的方案的过程就是决策。在实施决策的过程中,往往会出现影响企业实现最终目标的各种问题,如在供大于求的情况下产品库存的剩余量怎么进行有效的处理等等,这种妨碍企业实现整体目标的因素都是约束。此时,约束理论为解决这个问题提供了较好的技术指导。

综上所述,我们认为企业行为理论、均衡价格理论、决策理论和约束理论构成了本书的理论基础。这些理论不仅为揭示消费品供应链领域中产品供应决策的机理奠定了基础,更为企业在管理实践中解决上述问题指明了方向。

第 3 章　建模思想与方法

本章对不同需求模式下制造商和零售商的产品供应策略进行了理论模型的构建,主要分为两个部分:第一部分,构建了不同需求模式下制造商和零售商的产品供应策略的理论模型。第二部分,参考相关学者的研究,对子模型建模所需要的数学建模方法和相关变量指标进行设计,为后续研究奠定基础。

3.1　理论模型构建

在消费品供应链领域,需求是促使顾客采取行动参与交易的基本动力,它对消费产品呈现三种不同的基本模式:本质模式、非本质模式和中间模式。顾客在营销学上又可以称作客户,是购买产品或服务的个人或组织,包括个人客户和集团客户,[171] 他(他们)通过获得、使用或消费产品和服务来满足自己的需求。[172]

对于制造商和零售商来说,满足个人客户的需求相对简单。依据"人们总是根据其支付能力来选择最有价值或最能满足其欲望的产品或服务"[170]的市场营销原理,虽然人们的很多欲望受到社会因素、个人的成长经历以及消费体验影响,但为了满足同样的需求,不同的人可能会产生完全不同的欲望。例如,每个人都需要在冬日的寒夜里获得温暖,但有些人想要电热毯,而有些人却喜欢老式羽绒被。对于个人客户来说,只要产品和服务符合他的需要,并且他的支付能力能够促使他换取那种确有所值且能带给他最大利益的产品,就能达成交易。而对于集团客户来说,满足他们的需求相对较为复杂,他们的需求体现了组织的不同战略目标,这些需求与实现组织目标所必需的资源投入、固定设备、原料供应和服务相关。因此,制造商和零售商除了要满足个人客户的需求外,还要在个性化大规模定制、集团采购批量折扣、大客户潜在需求服务等集团优惠方面进行考量,从而与集团客户建立长期的合作伙伴关系,进而实现制造商和零售商的集团客户营销策略和营销目标。[171]

本章考虑的是不同需求模式下制造商和零售商的产品供应策略的理论模型,具体如图 3.1 所示。

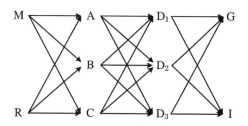

图 3.1 不同需求模式下的多目标产品供应策略理论模型图

图 3.1 中，M 代表制造商（Manufacturer）；R 代表零售商（Retailer）；D 代表需求（Demand），D_1 代表本质需求（Essential Demand），D_2 代表非本质需求（Non-Essential Demand），D_3 代表中间需求（Semi-Essential Demand）；A、B、C 代表三种不同的产品，分别对应需求的三种不同模式；G 代表集团客户（Group Customer）；I 代表个人客户（Individual Customer）。我们认为，要想深刻地理解这个理论模型，必须要深刻地理解产品类型的内涵。这是因为，这个理论模型蕴含着一个关键问题，那就是产品有成千上万种，为什么 A、B、C 代表的仅仅是三种不同类型的产品且分别对应需求的三种不同模式？

从传统意义上讲，产品（Product）是具有某种特定物质形态和用途的物体，如食品、汽车、衣服等。从现代产品管理的观点来看，产品概念的内涵被极大地扩充了，它指提供给市场，可以被消费者获取、使用和消费以满足其某种需求或欲望的一切东西，包括实物、服务、人员和观念等。[172]其中，产品类型（Product Type）在产品概念的内涵中占据较为重要的位置。传统意义上的产品类型又可以看作产品类别定位。所谓产品类别定位，是把产品与某种特定的产品种类联系起来，以建立品牌联想。产品类别定位力图让消费者以为该品牌等于某种产品，已成为某种产品的代名词。[173]而在产品阵容上，企业也需要有不同的产品行使不同的市场职能，各个不同类型的产品相互配合，充分迎合或引导消费者的购买心理和购买行为，从而通过产品类型定位实现最有竞争力的价格体系优势和产品功能优势，为企业的发展保驾护航，进而实现企业的战略目标。[43]

与此同时，学者们根据产品的类别属性将产品划分为实用主义产品、象征主义产品、享乐主义产品和功利主义产品等。[177-180]因此，本书根据研究目的，将产品类型划分为实用属性产品、享乐属性产品、中间属性产品。

实用属性产品是人们在生产、生活中的必备产品，如粮食等。这些产品是人们生存的物质保证，因此对应本质需求 D_1。

享乐属性产品是人们追求美的过程中的一种精神追求的产品，如珠宝、首饰等奢侈品。这些产品与人类的生存需要完全没有任何关系，其是人类在满足生存需要后追求更高的精神享受的产品，因此对应非本质需求 D_2。

中间属性产品是介于实用属性和享乐属性之间的产品，如茶叶、衣服等，这些产品既有本质需求的属性，如茶叶的基本功能是解渴，衣服的基本功能是保暖，这些功能都是保障人类生存需要的基本功能。同时又有非本质需求的特征，还是以茶叶和衣服为例,通过对茶叶和衣服的需求进行深层次的分析,我们发现,茶叶的更深层次的功能是社交、工作,衣服的更深层次的功能是追求美的过程、虚荣心、社交,这些功能是人类在满足生存需要后追求更高层次的精神需求的一种意识形态和社会文化过程。因此,这类产品对应中间需求 D_3。此外,我们也认为,现有市场上销售的绝大多数产品都属于中间属性产品。

但是,在本章中,虽然 A、B、C 分别对应三种不同属性类型的产品,但是在管理学研究领域,从理论的角度来分析,对实用属性产品、享乐属性产品和中间属性产品的供应策略的研究,在本质的建模过程研究中并没有任何区别,都属于产品供应的决策理论研究。此外,虽然研究实用属性产品(如粮食)和享乐属性产品(如珠宝、首饰)具有一定的价值,但是与中间属性产品(如衣服、茶叶等)相比,具有中间属性的产品不管是从产品的功能属性还是从产品价值的影响层面来说,都比仅仅具有实用属性的产品和享乐属性的产品要广泛得多。因此,我们考虑到模型构建的同一性问题,将理论模型予以简化,仅对中间属性产品的供应策略进行决策理论研究。简化后的理论模型如图 3.2 所示:

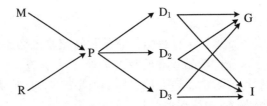

图 3.2　不同需求模式下的产品供应策略理论模型图

图 3.2 中,P 代表具有中间属性的产品,其余字母的含义同图 3.1。简化后的模型框架描述如下:

(1) 子模型:M→P→D_1→G

在该子模型中,制造商在对集团客户制定具有中间属性的产品的供应策略时,主要侧重点在于了解集团客户的需求是什么,如某集团客户向制造商定制一批服装,制造商必须先了解这批服装的用途是什么,如果是工作服,是为了满足人们日常办公需要的,那么这时的顾客需求属于本质需求。因此,在制定产品供应策略的时候,必须考虑服装的实用性、耐磨性等。

(2) 子模型:M→P→D_2→G

在该子模型中,制造商在对集团客户制定具有中间属性的产品的供应策略时,主要侧重点在于了解集团客户的需求是什么,如某集团客户向制造商定制一批服装,制造商必须先了解这批服装的用途是什么,如果是演出服装,是为了满足人们的精神需要的,那么这时的顾客需求属于非本质需求。因此,在制定产品供应策略的时候,必须考虑服装的美观性、协调性等。

(3) 子模型:M→P→D_3→G

在该子模型中,制造商在对集团客户制定具有中间属性的产品的供应策略时,主要侧重点在于了解集团客户的需求是什么,如某集团客户向制造商定制一批服装,制造商必须先了解这批服装的用途是什么,如果是商务礼仪服装,既可以当作工作服装,满足人们的日常办公需要,又可以当作礼仪服装出席各种社交场合,满足人们的社交需求,那么就可以认定这时的顾客需求属于中间需求。因此,在制定产品供应策略的时候,既要考虑服装的商务属性,也要考虑服装的美观性、协调性等。

(4) 子模型:$M \to P \to D_1 \to I$

在该子模型中,制造商在对个人客户制定具有中间属性的产品的供应策略时,主要侧重点在于了解个人客户需求背后的需求是什么,当制造商向个人客户直销衣服时,如果所销售的衣服是工作服装,是为了满足人们的日常办公需要的,那么这时的顾客需求属于本质需求。

(5) 子模型:$M \to P \to D_2 \to I$

在该子模型中,制造商在对个人客户制定具有中间属性的产品的供应策略时,主要侧重点在于了解个人客户需求背后的需求是什么,当制造商向个人客户直销衣服时,如果所销售的衣服是演出服装,是为了满足人们的精神需要的,那么这时的顾客需求属于非本质需求。

(6) 子模型:$M \to P \to D_3 \to I$

在该子模型中,制造商在对个人客户制定具有中间属性的产品的供应策略时,主要侧重点在于了解个人客户需求背后的需求是什么,当制造商向个人客户直销衣服时,如果所销售的衣服是商务礼仪服装,既可以当作工作服装,满足人们的日常办公需要,又可以当作礼仪服装出席各种社交场合,满足人们的社交需求,那么就可以认定这时的顾客需求属于中间需求。

(7) 子模型:$R \to P \to D_1 \to G$

在该子模型中,零售商在对集团客户制定具有中间属性的产品的供应策略时,主要侧重点在于了解集团客户的需求是什么,如某集团客户向零售商采购一批服装,零售商必须先了解这批服装的用途是什么,如果是工作服装,是为了满足人们的日常办公需要的,这时的顾客需求属于本质需求。

(8) 子模型:$R \to P \to D_2 \to G$。

在该子模型中,零售商在对集团客户制定具有中间属性的产品的供应策略时,主要侧重点在于了解集团客户的需求是什么,如某集团客户向零售商采购一批服装,零售商必须先了解这批服装的用途是什么,如果是演出服装,是为了满足人们的精神需要的,那么这时的顾客需求属于非本质需求。

(9) 子模型:$R \to P \to D_3 \to G$

在该子模型中,零售商在对集团客户制定具有中间属性的产品的供应策略时,主要侧重点在于了解集团客户的需求是什么,如某集团客户向零售商采购一批服装,零售商必须先了解这批服装的用途是什么,如果是商务礼仪服装,既可以当作工作服装,满足人们的日常办公需要,又可以当作礼仪服装出席各种社交场合,满足人们的社交需求,那么就可以认定这时的顾客需求属于中间需求。

(10) 子模型:$R \to P \to D_1 \to I$

在该子模型中,零售商在对个人客户制定具有中间属性的产品的供应策略时,主要侧重点在于了解个人客户需求背后的需求是什么,当零售商向个人客户销售衣服时,如果所销售的衣服是工作服装,是为了满足人们的日常办公需要的,那么这时的顾客需求属于本质需求。

(11) 子模型:$R \rightarrow P \rightarrow D_2 \rightarrow I$

在该子模型中,零售商在对个人客户制定具有中间属性的产品的供应策略时,主要侧重点在于了解个人客户需求背后的需求是什么,当零售商向个人客户销售衣服时,如果所销售的衣服是演出服装,是为了满足人们的精神需要的,那么这时的顾客需求属于非本质需求。

(12) 子模型:$R \rightarrow P \rightarrow D_3 \rightarrow I$

在该子模型中,零售商在对个人客户制定具有中间属性的产品的供应策略时,主要侧重点在于了解个人客户需求背后的需求是什么,当零售商向个人客户销售衣服时,如果所销售的衣服是商务礼仪服装,既可以当作工作服装,满足人们的日常办公需要,又可以当作礼仪服装出席各种社交场合,满足人们的社交需求,那么就可以认定这时的顾客需求属于中间需求。

3.2 子模型建模思想和方法

数学建模是人类应用定量思维的方式,探讨自然现象、社会现象、工程技术以及日常生活中的实际问题的过程。数学建模的过程一般分为两个阶段:第一阶段,分析现象和问题演化的过程,找出其中的关键因素,应用已知的规律或探索新规律建立这些因素之间的定量关系,这个关系即为数学模型。第二阶段,应用合适的数学方法求解数学模型,将求解结果应用到实际问题中,验证模型的有效性。[178]因此,在现代关于需求理论的研究中,需求函数用来表示这种产品的需求量和影响该需求量的各种因素之间的关系。此时,各种需求函数的建模已经被看作一种揭示需求理论在各个领域应用的基本工具。[179-182]

本章中,我们解决的实际问题是制造商和零售商如何在不同的需求模式下针对不同类型的客户制定产品供应策略,最终目的是实现产品利润最大化。对于这种求解函数在满足约束条件下的极值(包括极大值、极小值)问题,最优化方法是最理想的方法[183]。

最优化问题的三个基本要素是目标函数、约束条件和求解方法。目标函数就是用数学方法描述处理问题所能够达到的结果的函数,该函数的自变量为决策变量,表示可供选择的方案及关于具体措施的一些参数或函数,最优结果表现为目标函数取极值。在处理实际问题时,通常会受到诸多因素的限制,如本章研究的是制造商和零售商在不同的需求模式下的产品供应策略,那么产品的供应策略会受到制造商的边际成本、零售商的进货量等的影响,这些数学描述为最优化问题的约束条件。求解方法是获得最优结果的必要手段,该方法使目标函数取极值,所得结果为最优解。[178]

在管理学领域,包括产品供应策略在内的企业各种决策行为往往是为了把某项工作做到最好,这种把某项工作做到最好的行为大多可以理解并表达为数学建模中的最优化问题。运用经济学中最典型的"经济人假设"来说明企业主体的最优化问题,即市场经济里的企业都是谋求自身利益的,它往往把压缩各种经营成本和追求利润最大化作为企业的主要目标。如果用数学建模的方法来考虑这些企业决策问题,会有很多优势,有些问题能够看得更透彻,并以一个更精确的角度来分析问题,从而解决实际问题。

不管是宏观方面的企业总体战略,还是微观方面的企业经营决策(供应策略),数学建模都起着至关重要的作用。数学建模之所以在管理学领域应用广泛,受到企业管理者和管理学研究者的青睐,主要是因为数学建模是对事件的模拟,凭借数学模型能够得出相应的最优解。举个简单的例子,企业在针对某一产品进行销售决策的过程中,首先要明确销售的目标是什么,进而设计一个目标函数。然后进一步地明确这款产品在销售过程中遇到的各种各样的状况,如集团客户的批量折扣、个人客户的促销折扣、产品销售过程中出现的各项成本等,了解这些状况的基本规律和一般过程,即相关变量,并将其体现在数学建模中,便可建立描述事件过程(即相关变量)的若干函数模型。明确了上述各个方面,借助最优化方法,就可以找出实现这个销售目标的最优途径。所以说,最优化理论和方法解决的就是如何在给定的目标函数下作出"最好的"选择的问题。[183-184]

与此同时,由于现实生活中的随机性,例如,某个领域的市场需求由于政府引导、产业集群等某种原因在一定时期内呈火热状态,成百上千个企业因为对目标市场的共同期盼,纷纷在此设立生产基地或销售网点,这时的顾客需求就呈现随机性。而概率论(Probability Theory)就是集中研究概率及随机现象的数学分支,是研究随机性或不确定性等现象的数学理论。[185] 由此可知,概率论是一种用数学语言刻画随机事件的理论。

一个随机事件的概率是一个介于 0 与 1 之间的实数,这个实数的大小反映了这个事件发生的可能性。因此,概率为 0 意味着这个事件不可能发生(不可能事件),概率为 1 意味着这个事件必然发生(必然事件)。以投掷一枚硬币(出现正面和反面的概率相等,均为 1/2)的经典概率实验为例。在现实中,如果我们重复抛一枚硬币,出现正面的概率可能不会恰好是 1/2。但是当抛硬币的次数增加时,出现正面的概率会越来越接近 1/2。如果硬币两面的重量不一样,那么出现正面的概率和出现反面的概率就不一样了。如果用一个实数来代表抛硬币的结果,如 1 表示正面,0 表示反面,那么我们称这个数为随机变量。[186]

一个随机变量的期望值刻画的是这个随机变量的概率分布中心。简而言之,当有无穷多个来自同一个概率分布的独立样本时,它们的平均值就是期望值。数学上对期望值的定义是以概率(或密度)为权重的加权平均值。即

$$E[X] = \sum_{x \in \chi} x P(x) \tag{3.1}$$

现在以另一个经典的概率实验为例：扔一个骰子，每一面出现的概率相等，均为 1/6。当实验的次数越来越多时，扔出的结果的平均值慢慢趋向于它的期望值。

期望值表示随机变量在随机实验中取值的平均值，它是概率意义下的平均值。期望值是一个实数，而非变量，它是一种加权平均，与一般的平均值不同，它从本质上体现了随机变量 X 取可能值的真正平均值。在现实生活中，很多问题都可以直接或间接地用期望值来解决。在解决实际问题时，期望值作为一个重要的参数，对市场预测、经济统计、风险决策等有着重要的指导作用。期望值广泛应用于工程技术、社会经济管理领域，其意义在于对从实践中抽象出来的数学模型进行分析，从而达到认识客观规律的目的，为进一步决策分析提供准确的理论分析依据。[186]

因此，本章将最优化方法和概率论中的期望值作为构建不同需求模式下制造商和零售商的产品供应策略的数学模型的主要方法。

3.3 变量函数

本章研究的是不同需求模式下制造商和零售商的产品供应策略，因此，本节将对不同需求模式下制造商和零售商的产品供应策略的各个子模型的数学建模过程进行详细的指标设计。假设只考虑两种简单的分销模式，即在需求的三种不同模式下，制造商生产产品—产品批发给零售商—零售商将产品销售给不同类型的客户（个人客户和集团客户），或者是制造商生产产品—直销给不同类型的客户（个人客户和集团客户）。

通过这样的细分可见，即使是在最简单的供应链分销模式中，都包含各种不同的供应策略。下面将先对不同需求模式下制造商和零售商针对不同类型的客户制定产品供应策略（制造商—集团客户、制造商—个人客户、零售商—集团客户、零售商—个人客户）时所涉及的各个变量指标进行设计，然后在这些分析的基础上对这些产品供应策略子模型进行具体建模。

3.3.1 需求函数

在商品经济中，生产资源的配置是依靠和利用价格通过市场进行的。其中，价格是经济参与者之间相互联系的桥梁，它以一定的方法促使各种经济资源得到充分有效的使用。例如，将某种稀缺或者昂贵的原材料生产和加工成一种产品时，这种产品在市场上的价格必定较为昂贵。这时，厂商就会积极地寻找新的可替代的原材料。作为消费者，也会因为这种产品的高价格而减少对其的需求量。此时，消费者和厂商的经济行为的相互联系表现为产品市场和生产要素市场供求关系的相互作用，而正是这种供求关系的相互作用形成了市场的均衡价格。[187]因此，我们认为，需求在其中起着主导作用。

一种产品的需求指的是消费者在一定时期内在各种可能的价格水平上愿意且

能够购买该产品的数量。供需关系理论表明,如果消费者对某种产品只有购买的欲望而没有购买的能力,就不能算作需求。[2]需求是指消费者既有购买欲望又有购买能力的有效需求。这种产品的需求量是由该产品的价格、消费者的收入水平、相关产品的价格、消费者的偏好和消费者对该产品的价格预期等众多因素共同决定的。比如,该产品的价格越高,那么根据市场规律,这个产品的需求量就会越小;反之,需求量就越大。又比如,当消费者的收入水平提高或消费者对这种产品的偏好程度增强时,就会增加对该产品的需求量;反之,则会减少对该产品的需求量。

上述分析中,影响需求量的各个因素是自变量,需求量是因变量。需求函数用来表示一种产品的需求量和影响该需求量的各种因素之间的相关关系。[187]其中,价格是决定需求量的最基本的因素,因此可以将需求函数认定为某个特定时期内一种产品的需求量与价格之间的关系。这种关系是一种相反的关系,即需求量与价格呈反方向变化,价格上升,需求量下降;价格下降,需求量上升。

过去几十年的研究表明,需求函数对我们了解顾客需求在商品经济中的应用有很大的帮助。[188-192]通过需求函数我们可以得到各种产品利润最大化的最优解,并可以了解最优解的一些属性,以找到所考虑问题的最优排序策略,从而在不确定的供需之间取得最佳平衡,进而在此基础上使用线性需求和供应图进行经济推理,最终运用经济推理的数学模型来研究数理逻辑与经济学之间的相互作用。[193-195]

在随机需求的相关研究中,Whitin[179]将销售价格引入决策变量中,建立了以价格为决策变量的需求函数。Petruzzi 等人[180]研究了一般需求函数,认为需求的随机性与价格无关,因此可以用加法或者乘法来建模。具体而言,Mills[181]考虑的需求函数是线性加函数,并将此定义为加性需求函数模型 $D(p,\varepsilon) = y(p) + \varepsilon$。Karlin 和 Carr[182]考虑的需求函数是弹性乘函数,他们将其定义为乘性需求函数模型 $D(p,\varepsilon) = y(p)\varepsilon$。其中,$y(p)$ 既是有关需求和价格之间依赖关系的函数,称为与价格相关的均值需求,又是在 $[A,B]$ 这个范围内的随机变量;ε 表示的是与价格无关的随机变量,可以服从不同的分布。这两种 $y(p)$ 模型在经济学相关文献中很常见。加法模型表示的是一种现象需求曲线,而乘法模型表示的是一种弹性需求曲线。这些模型表示的市场需求曲线的形状是确定的,而市场规模的尺度是随机的。为了保证需求在某个价格范围内是正需求,在加法模型中令 $A > -a$,而在乘法模型中令 $A > 0$。然而,我们发现,a 相对于 ε 来说方差较大,像正态分布这样的无界概率分布才更接近实际情况。一般情况下,设 $F(\varepsilon)$ 为 ε 的分布函数,则有 $F(-\infty) = 0$ 和 $F(+\infty) = 1$,而 $f(\varepsilon)$ 为 ε 的密度函数。此外,我们设 μ 和 σ 分别为 ε 的期望和标准方差。为了便于研究,本书仅考虑有关需求的加法模型。即需求函数 $D(p,\varepsilon) = y(p) + \varepsilon$,其中

$$y(p) = a - bp, \quad a, b > 0$$
$$\varepsilon \sim N(\mu, \sigma^2) \tag{3.2}$$

根据陈圻和王强[196]的消费者产品效能研究可知,产品的效能 U 包含实用功能 $u(x)$ 和品位功能 $v(x)$ 两种,由此可得产品效能函数:

$$U = w_1 u + w_2 v, \quad w_1 + w_2 = 1 \tag{3.3}$$

其中，w_1 表示消费者对实用功能的权重，w_2 表示消费者对品位功能的权重，则

$$0 \leqslant w_1, \quad w_2 \leqslant 1 \tag{3.4}$$

若 $w_1 = 1$，则表示产品是纯实用的，因此消费者对产品的需求是本质需求；若 $w_1 = 0$，则表示产品是纯品位型的，因此消费者对产品的需求是非本质需求。这只是两种极端情况。下面我们将通过对 w_1 的分析来判断本质需求、非本质需求以及中间需求的权重范围。

当消费者预期最高效用值等于 1 时，相应的最高需求强度或保留价格为 p_m，假设实际产品的保留价格随产品效用线性递增，对于效用值 $U \leqslant 1$ 的产品，消费者的保留价格为 $p_m U$，则消费者购买产品的条件是产品定价 p 满足

$$p_m U - p \geqslant 0 \tag{3.5}$$

将式(3.3)和式(3.4)代入式(3.5)可得

$$1 \geqslant U = w_1(u - v) + v \geqslant \frac{p}{p_m} \tag{3.6}$$

然后可得

$$0 \leqslant \left(\frac{p}{p_m} - v\right) \frac{1}{u - v} \leqslant w_1 \leqslant \frac{1 - v}{u - v} \leqslant 1 \tag{3.7}$$

因此 $\frac{p}{p_m} - v$ 与 $u - v$ 同号，且 $\frac{p}{p_m} < u, (1-v)(u-v) \geqslant 0, u \geqslant 1$。

代入数值效用，得

$$w_1 \geqslant \frac{\frac{p}{p_m} - v}{u - v} \tag{3.8}$$

设 $u > v$，令其临界点为

$$w_{01} = \frac{\frac{p}{p_m} - v}{u - v} \tag{3.9}$$

设 w_1 的最小值为 $d_0 < w_{01}$，其中，d_0 表示产品实用效能权重的最小值，这表明一个产品哪怕品位属性非常强，但还是具有一定的实用属性。w_{01} 表示的是产品品位属性与实用属性侧重点转移的临界值。此时，如图 3.3 所示，0 是指顾客完全侧重于产品的品位权重，1 是指顾客完全侧重于产品的实用权重。

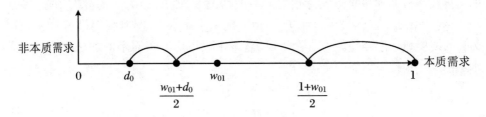

图 3.3 需求函数图

假设仅将顾客需求分为本质需求和非本质需求两大类，根据上述分析和计算，

我们以临界点 w_{01} 为点坐标进行划分,并令当顾客对产品的实用权重值 w_1 大于临界点 w_{01} 时,该需求为本质需求;当顾客对产品的实用权重值 w_1 小于临界点 w_{01} 时,该需求为非本质需求。但是,由于在本质需求和非本质需求之间还存在着介于两者之间的元素,也就是中间需求,这种类型的顾客对产品的实用功能并非完全看中,但也不是完全不重视产品的实用功能,即顾客对产品实用功能的重视程度处于临界点 w_{01} 附近。因此,结合上述分析,为了将顾客需求分为本质需求、中间需求和非本质需求三类,且不失一般性,如图 3.3 所示,我们分别取实用权重数轴中 $w_{01} \to 1$ 的中点以及 $d_0 \to w_{01}$ 的中点,经过计算,可以得到 $w_{01} \to 1$ 的中点值为 $1 - \dfrac{1-w_{01}}{2} = \dfrac{1+w_{01}}{2}$,$d_0 \to w_{01}$ 的中点值为 $w_{01} - \dfrac{w_{01}-d_0}{2} = \dfrac{w_{01}+d_0}{2}$。

假设当顾客对产品的实用权重的侧重范围在中点值 d_0 与 $\dfrac{w_{01}+d_0}{2}$ 之间时,顾客需求为非本质需求;当顾客对产品的实用权重的侧重范围在两个中点值之间时,顾客需求为中间需求;当顾客对产品的实用权重的侧重范围在中点值 $\dfrac{1+w_{01}}{2}$ 与 1 之间时,顾客需求为本质需求。

因此,我们定义:

当 $w_1 \in \left[d_0, \dfrac{w_{01}+d_0}{2}\right)$ 时,此时的顾客需求为非本质需求;

当 $w_1 \in \left[\dfrac{w_{01}+d_0}{2}, \dfrac{1+w_{01}}{2}\right)$ 时,此时的顾客需求为中间需求;

当 $w_1 \in \left[\dfrac{1+w_{01}}{2}, 1\right]$ 时,此时的顾客需求为本质需求。

3.3.2 客户

顾客,在营销学上又可称作客户,是购买产品或服务的个人或组织,包括个人客户和集团客户。对于个人客户来说,其基本需求相对较少,而人的很多欲望是受社会因素、个人成长经历以及消费体验影响的。对于集团客户来说,他们必须满足一些需求才能生存和发展。这些需求体现了组织的不同战略目标,它们与实现组织战略目标所必需的资源投入、固定设备、原料供应和服务相关。[168-169] 个人客户由于购买产品的数量较少,其正常购买产品的价格是厂商正常给定的零售价,享受不到价格优惠。而集团客户由于是统一采购,购买数量较多,所以厂商往往在零售价的基础上给予其一定的批量折扣。基于此,我们设个人客户零售价为 p,而集团客户是在零售价 p 的基础上再打 d 折,记为 dp。

3.3.3 零售商利润函数

在产品经营过程中,零售商必须先从制造商那里批发产品,若所批发的产品数量 q 超过客户需求的量,则会有剩余产品,且剩余产品还占据库存空间,因此在这种供大于求的情况下显然无法达到利润最大化。若所批发的产品数量 q 小于客户需求量,在这种供不应求的情况下同样也无法达到利润最大化。

设在供大于求阶段,制造商生产单位产品的边际成本为 c,进货量为 q,需求量为 $D(p,\varepsilon)$,剩余量 $q-D(p,\varepsilon)$ 按照每单位 h 元的费用进行处理,这里 $h \geqslant -c$ 可以取负值,它代表的是单位产品的残差。此时,零售商的利润为

$$\Pi(q,p) = pD(p,\varepsilon) - cq - h[q - D(p,\varepsilon)] \qquad (3.10)$$

同样,在供不应求阶段,制造商生产单位产品的边际成本为 c,若进货量为 q,则售出价格为 pq,短缺部分每单位的损失费用为 S。此时,零售商的利润为

$$\Pi(q,p) = pq - cq - S[D(p,\varepsilon) - q] \qquad (3.11)$$

综上可得零售商的利润为

$$\Pi(q,p) = \begin{cases} pD(p,\varepsilon) - cq - h[q - D(p,\varepsilon)], & q \geqslant D(p,\varepsilon) \\ pq - cq - S[D(p,\varepsilon) - q], & q < D(p,\varepsilon) \end{cases} \qquad (3.12)$$

3.3.4 制造商利润函数

制造商由于要将产品生产出来批发给零售商或者直销给个人客户或集体客户。因此,同样存在供大于求或供小于求两种情况。假设制造商生产单位产品的边际成本为 c,若制造 q 单位的产品,则总成本为 cq,设需求量为 $D(p,\varepsilon)$,每单位的产品批发价为 p,若供小于求,则产品可以全部销售,收入为 pq;若供大于求,则收入为 $pD(p,\varepsilon)$,剩余量 $q-D(p,\varepsilon)$ 按照每单位 h 元的费用进行处理,短缺部分每单位的损失费用为 S。则可得到制造商的利润为

$$\Pi_M(q,p) = \begin{cases} -cq + pq - S(D(p,\varepsilon) - q), & D(p,\varepsilon) \geqslant q \\ -cq + pD(p,\varepsilon) - h[q - D(p,\varepsilon)], & D(p,\varepsilon) < q \end{cases}$$
$$(3.13)$$

3.4 参数指标设计

根据上述相关变量函数,我们将对 3.1 节中提到的 12 个子模型进行建模,在此之前,我们先对建模所需的参数指标进行设计(表 3.1)。

表 3.1 参数指标设计

符号	含义
α	直接折扣模型中每个产品的折扣价
p	零售商对产品所定的零售价
q	零售商对产品的进货量
u	产品的实用效能
v	产品的品位功能效能

续表

符号	含义
w_1	产品实用效能的权重
w_2	产品品位效能的权重
d_0	产品实用效能权重的最小值
p_m	产品最高效能或最高价格
D_T	本质需求函数
D_H	中间需求函数
D_F	非本质需求函数
c	制造商生产单位产品的边际成本
w_0	制造商的批发价
Π_R	零售商的利润
Π_M	制造商的利润

在建模之前,我们先对相关决策变量的取值范围进行设定。根据需求函数图及我们定义的各个需求模式的函数取值范围,将式(3.9)的效用临界值代入需求函数,可得各个需求模式的函数表达式。

为简便起见,我们仅选取加法形式的不确定性需求函数 $D(p,\varepsilon)$,并根据 Mills[181] 的加性需求函数模型结果 $D(p,\varepsilon) = y(p) + \varepsilon = a - bp + \varepsilon$ 建立公式,其中 ε 是随机变量,且在区间 $[\mu,\sigma^2]$ 内服从均匀分布。

假设需求函数 $D(p,\varepsilon)$ 是本质需求函数 D_T、非本质需求函数 D_F 以及中间需求函数 D_H 的平均值,即在实用权重 $[0,1]$ 的范围内总需求函数为 $3D(p,\varepsilon)$,再根据各种模式需求函数的取值范围可得如下公式。

(1) 当 $w_1 \in \left[d_0, \dfrac{w_{01}+d_0}{2}\right)$ 时,需求模式为非本质需求,即 w_1 占实用权重的比例为 $\dfrac{w_{01}-d_0}{2}$,可得非本质需求的函数为

$$D_F = \frac{w_{01}-d_0}{2} \cdot 3D(p,\varepsilon) \tag{3.14}$$

根据前文算出的 w_{01} 的结果[式(3.9)],将 $D(p,\varepsilon) = a - bp + \varepsilon$ 代入上式,可得

$$\begin{aligned}
D_F &= \frac{3}{2}\left[\frac{\dfrac{p-v}{p_m}}{u-v} - d_0\right](a-bp+\varepsilon) \\
&= \frac{3}{2}\left[\frac{p-p_m v}{p_m(u-v)} - d_0\right](a-bp+\varepsilon), \quad a,b>0, \varepsilon \sim N(\mu,\sigma^2)
\end{aligned}$$

$$\tag{3.15}$$

(2) 当 $w_1 \in \left[\frac{w_{01}+d_0}{2}, \frac{1+w_{01}}{2}\right)$ 时,需求模式为中间需求,即 w_1 占实用权重的比例为 $\frac{1+w_{01}}{2} - \frac{w_{01}+d_0}{2} = \frac{1-d_0}{2}$,可得中间需求函数为

$$D_H = \frac{1-d_0}{2} \cdot 3D(p,\varepsilon) \tag{3.16}$$

根据 w_{01} 的计算结果[式(3.9)],将 $D(p,\varepsilon) = a - bp + \varepsilon$ 代入上式,可得

$$D_H = \frac{1-d_0}{2} \cdot 3D(p,\varepsilon)$$

$$= \frac{3(1-d_0)}{2}(a-bp+\varepsilon), \quad a,b>0, \varepsilon \sim N(\mu,\sigma^2) \tag{3.17}$$

(3) 当 $w_1 \in \left[\frac{1+w_{01}}{2}, 1\right]$ 时,需求模式为本质需求,即 w_1 占实用权重的比例为 $1 - \frac{1+w_{01}}{2} = \frac{1-w_{01}}{2}$,可得本质需求函数为

$$D_T = \frac{1-w_{01}}{2} \cdot 3D(p,\varepsilon) \tag{3.18}$$

根据 w_{01} 的计算结果[式(3.9)],将 $D(p,\varepsilon) = a - bp + \varepsilon$ 代入上式,可得

$$D_T = \frac{3}{2}\left[1 - \frac{\frac{p-v}{p_m}}{u-v}\right](a-bp+\varepsilon)$$

$$= \frac{3}{2}\left[1 - \frac{p-vp_m}{p_m(u-v)}\right](a-bp+\varepsilon), \quad a,b>0, \varepsilon \sim N(\mu,\sigma^2)$$

$$\tag{3.19}$$

综上所述,我们定义了三种需求模式的函数表达式[197-205]:
本质需求函数的表达式为

$$D_T = \frac{3}{2}\left[1 - \frac{p-vp_m}{p_m(u-v)}\right](a-bp+\varepsilon), \quad a,b>0, \varepsilon \sim N(\mu,\sigma^2)$$

$$\tag{3.20}$$

非本质需求函数的表达式为

$$D_F = \frac{3}{2}\left[\frac{p-vp_m}{p_m(u-v)} - d_0\right](a-bp+\varepsilon), \quad a,b>0, \varepsilon \sim N(\mu,\sigma^2)$$

$$\tag{3.21}$$

中间需求函数的表达式为

$$D_H = \frac{3(1-d_0)}{2}(a-bp+\varepsilon), \quad a,b>0, \varepsilon \sim N(\mu,\sigma^2) \tag{3.22}$$

在经济学定价研究中,虽然设 ε 服从正态分布或服从均匀分布在结果上会有差异,但是本质的建模思想却没有区别。因此,为了便于研究,设 ε 为在区间 $[-(a-bp), a-bp]$ 内服从均匀分布的函数,则由均匀分布函数的性质可知:

$$f(\varepsilon) = \frac{1}{2(a-bp)}, \quad \varepsilon \in [-(a-bp), a-bp] \tag{3.23}$$

基于上述决策变量及其取值范围,在接下来的研究中将根据 3.3 节、3.4 节中的变量函数和参数指标设计及 3.2 节中的子模型建模方法,分别构建不同需求模式下制造商和零售商针对不同类型的客户制定产品供应策略(即制造商—个人客户、制造商—集团客户、零售商—个人客户、零售商—集团客户)的数学模型,并求解相应的最优生产量(进货量)、最优定价及最优折扣。

第4章 基于本质需求模式的产品最优供应策略

本章将对本质需求模式下的制造商和零售商产品供应策略进行数学建模,主要分为两个部分:第一部分,从制造商的视角构建对个人客户和集团客户制定产品供应策略的数学模型,并运用数值算例进行模型验证。第二部分,从零售商的视角构建对个人客户和集团客户制定产品供应策略的数学模型,并运用数值算例进行模型验证。

4.1 制造商对个人客户制定产品供应策略模型

本节将从直接折扣模式(Off-Invoice)和未售出处理模式(Unsold Recycling)两个方面对本质需求模式下的制造商对个人客户制定产品供应策略进行数学建模,并求解制造商获取最大利润时的最优生产量、最优定价及最优让利。

4.1.1 直接折扣模式下的制造商—个人客户产品供应策略模型

由于在直接折扣模式和售出返利(Scan-back)模式两种供应模式中,制造商对个人客户进行直销,直接折扣和售出返利属于同等意思。因此,本节仅考虑直接折扣模式下制造商对个人客户制定的产品供应策略。设制造商生产单位产品的边际成本为 c,生产 q 单位产品的总成本为 cq,制造商直销给个人客户的零售价为 p,需求量为 $D_T(p,\varepsilon)$。当对个人客户直销供货时,为了促进销售,每个产品再优惠 α。当制造商的生产量大于需求量时,收入为 $(p-\alpha)D_T(p,\varepsilon)$;当制造商的生产量小于需求量时,则可将产品全部售出,收入为 $(p-\alpha)q$,由此可得制造商的利润为

$$\Pi_{MT} = \begin{cases} -cq + (p-\alpha)q, & D_T(p,\varepsilon) \geqslant q \\ -cq + (p-\alpha)D_T(p,\varepsilon), & D_T(p,\varepsilon) < q \end{cases} \quad (4.1)$$

其中,Π_{MT} 表示本质需求模式下制造商的利润。

利用概率论中的数学期望公式,并将式(3.20)和式(3.23)代入,可得

$$\Pi_{\mathrm{MT}} = -cq + (p-\alpha)\int_0^q D_{\mathrm{T}}(\varepsilon)f(\varepsilon)\mathrm{d}\varepsilon + (p-\alpha)\int_q^{2(a-bp)} qf(\varepsilon)\mathrm{d}\varepsilon$$

$$= -cq + (p-\alpha)\int_0^q \frac{3}{2} \cdot \frac{p_{\mathrm{m}}u - p}{p_{\mathrm{m}}(u-v)}\varepsilon \cdot \frac{1}{2(a-bp)}\mathrm{d}\varepsilon$$

$$+ (p-\alpha)\int_q^{2(a-bp)} q \cdot \frac{1}{2(a-bp)}\mathrm{d}\varepsilon$$

$$= (-c+p-\alpha)q + \frac{3q^2(p_{\mathrm{m}}u-p)(p-\alpha)}{8p_{\mathrm{m}}(u-v)(a-bp)} - \frac{(p-\alpha)q^2}{2(a-bp)} \quad (4.2)$$

要想得到在这种供应模式下,制造商获取最大利润时的最优生产量及最优定价,只需运用最优化方法对上式进行相关函数的求导,令其导数为 0 即可。具体如下:

求制造商的最优生产量 q,则

$$\frac{\partial \Pi_{\mathrm{MT}}}{\partial q} = (-c+p-\alpha) + \frac{3q(p_{\mathrm{m}}u-p)(p-\alpha)}{4p_{\mathrm{m}}(u-v)(a-bp)} - \frac{(p-\alpha)q}{a-bp} = 0 \quad (4.3)$$

解式(4.3)得到的 q 值即为制造商的最优生产量。

又由

$$\frac{\partial \Pi_{\mathrm{MT}}}{\partial p} = q + \frac{3q^2(p_{\mathrm{m}}u-2p+\alpha)}{8p_{\mathrm{m}}(u-v)(a-bp)} + \frac{3bq^2(p_{\mathrm{m}}u-p)(p-\alpha)}{8p_{\mathrm{m}}(u-v)(a-bp)^2}$$

$$- \frac{q^2}{2(a-bp)} - \frac{b(p-\alpha)q^2}{2(a-bp)^2} = 0 \quad (4.4)$$

解式(4.4)得到的 p 值即为制造商的最优定价。

又由

$$\frac{\partial \Pi_{\mathrm{MT}}}{\partial \alpha} = -q - \frac{3q^2(p_{\mathrm{m}}u-p)}{8p_{\mathrm{m}}(u-v)(a-bp)} + \frac{q^2}{2(a-bp)} = 0 \quad (4.5)$$

解式(4.5)得到的 α 值即为制造商的最优让利。

4.1.2 未售出处理模式下的制造商—个人客户产品供应策略模型

在这种供应模式下,对于制造商未能销售出去的产品进行打折处理。设制造商生产单位产品的边际成本为 c,生产量为 q,此时制造商的总成本为 cq,制造商直销给个人客户的零售价为 p,需求量为 $D_{\mathrm{T}}(p,\varepsilon)$。当制造商的生产量大于需求量时,收入为 $pD_{\mathrm{T}}(p,\varepsilon)$,对于剩下的数量为 $q-D_{\mathrm{T}}(p,\varepsilon)$ 的产品还要进行处理,对于这部分产品,制造商给予打折处理,价格为每单位 γ,则收入为 $pD_{\mathrm{T}}(p,\varepsilon)+\gamma[q-D_{\mathrm{T}}(p,\varepsilon)]$;当制造商的生产量小于需求量时,则可将产品全部售出,收入为 pq,由此可得制造商的利润为

$$\Pi_{\mathrm{MT}} = \begin{cases} -cq + pq, & D_{\mathrm{T}}(p,\varepsilon) \geqslant q \\ -cq + pD_{\mathrm{T}}(p,\varepsilon) + \gamma[q-D_{\mathrm{T}}(p,\varepsilon)], & D_{\mathrm{T}}(p,\varepsilon) < q \end{cases} \quad (4.6)$$

利用概率论中的数学期望公式,并将式(3.20)和式(3.23)代入,可得

$$\varPi_{\mathrm{MT}} = -cq + p\int_0^q D_{\mathrm{T}}(\varepsilon)f(\varepsilon)\mathrm{d}\varepsilon + p\int_q^{2(a-bp)} qf(\varepsilon)\mathrm{d}\varepsilon + \gamma\int_0^q [q - D_{\mathrm{T}}(\varepsilon)]f(\varepsilon)\mathrm{d}\varepsilon$$

$$= -cq + (p-\gamma)\int_0^q \frac{3}{2}\cdot\frac{p_{\mathrm{m}}u - p}{p_{\mathrm{m}}(u-v)}\varepsilon\cdot\frac{1}{2(a-bp)}\cdot\mathrm{d}\varepsilon$$

$$+ p\int_q^{2(a-bp)} q\cdot\frac{1}{2(a-bp)}\mathrm{d}\varepsilon + \gamma\int_0^q q\cdot\frac{1}{2(a-bp)}\mathrm{d}\varepsilon$$

$$= (-c + p)q + \frac{3q^2(p-\gamma)(p_{\mathrm{m}}u - p)}{8p_{\mathrm{m}}(u-v)(a-bp)} - \frac{(p-\gamma)q^2}{2(a-bp)} \tag{4.7}$$

要想得到在这种供应模式下,制造商获取最大利润时的最优生产量及最优定价,只需运用最优化方法对上式进行相关函数的求导,令其导数为 0 即可。具体如下:

求制造商的最优生产量 q,则

$$\frac{\partial \varPi_{\mathrm{MT}}}{\partial q} = (-c + p) + \frac{3q(p-\gamma)(p_{\mathrm{m}}u - p)}{4p_{\mathrm{m}}(u-v)(a-bp)} - \frac{q(p-\gamma)}{a-bp} = 0 \tag{4.8}$$

解式(4.8)得到的 q 值即为制造商的最优生产量。

又由

$$\frac{\partial \varPi_{\mathrm{MT}}}{\partial p} = q + \frac{3q^2(p_{\mathrm{m}}u - 2p + \gamma)}{8p_{\mathrm{m}}(u-v)(a-bp)} + \frac{3bq^2(p-\gamma)(p_{\mathrm{m}}u - p)}{8p_{\mathrm{m}}(u-v)(a-bp)^2}$$

$$- \frac{q^2}{2(a-bp)} - \frac{bq^2(p-\gamma)}{2(a-bp)^2} = 0 \tag{4.9}$$

解式(4.9)得到的 p 值即为制造商的最优定价。

4.2 制造商对集团客户制定产品供应策略模型

由于集团客户与个人客户的主要区别在于集团客户的采购量较大,需求量也较大,且需求较为稳定,制造商想要长期和集团客户进行合作的一个重要前提是必须要有针对性的优惠措施,如批量折扣等。因此,在这种供应模式下,设制造商生产单位产品的边际成本为 c,生产量为 q,制造商直销给集团客户的零售价为 p,且打 d 折,由此可知集团客户的采购价为 dp。

本节将从直接折扣模式和未售出处理模式两个方面对本质需求模式下的制造商对集团客户制定产品供应策略进行数学建模,并求解制造商获取最大利润时的最优生产量、最优定价、最优折扣及最优让利。

4.2.1 直接折扣模式下的制造商—集团客户产品供应策略模型

由于在直接折扣模式和售出返利模式两种供应模式中,制造商对集团客户进行直销,直接折扣和售出返利属于同等意思。因此,本节仅考虑直接折扣模式下制造商对集团客户制定的产品供应策略。设制造商生产单位产品的边际成本为 c,生产 q 单位产品的总成本为 cq,制造商直销给集团客户的零售价为 p,需求量为 $D_T(p,\varepsilon)$。当对集团客户直销供货时,为了促进长期合作,在打 d 折的情况下每个产品再优惠 α。当制造商的生产量大于需求量时,收入为 $(dp-\alpha)D_T(p,\varepsilon)$;当制造商的生产量小于需求量时,则可将产品全部售出,收入为 $(dp-\alpha)q$,由此可得制造商的利润为

$$\Pi_{MT} \begin{cases} -cq+(dp-\alpha)q, & D_T(p,\varepsilon) \geqslant q \\ -cq+(dp-\alpha)D_T(p,\varepsilon), & D_T(p,\varepsilon) < q \end{cases} \quad (4.10)$$

利用概率论中的数学期望公式,并将式(3.20)和式(3.23)代入,可得

$$\begin{aligned}\Pi_{MT} &= -cq+(dp-\alpha)\int_0^q D_T(p,\varepsilon)f(\varepsilon)\mathrm{d}\varepsilon+(dp-\alpha)\int_q^{2(a-bp)} qf(\varepsilon)\mathrm{d}\varepsilon \\ &= -cq+(dp-\alpha)\int_0^q \frac{3}{2}\cdot\frac{p_m u-p}{p_m(u-v)}\varepsilon\cdot\frac{1}{2(a-bp)}\mathrm{d}\varepsilon \\ &\quad +(dp-\alpha)\int_q^{2(a-bp)}\frac{1}{2(a-bp)}\mathrm{d}\varepsilon \\ &= (-c+dp-\alpha)q+\frac{3q^2(p_m u-p)(dp-\alpha)}{8p_m(u-v)(a-bp)}-\frac{(dp-\alpha)q^2}{2(a-bp)}\end{aligned}$$
$$(4.11)$$

要想得到在这种供应模式下,制造商获取最大利润时的最优生产量、最优定价、最优折扣及最优让利,只需运用最优化方法对上式进行相关函数的求导,令其导数为 0 即可。具体如下:

求制造商的最优生产量 q,则

$$\frac{\partial \Pi_{MT}}{\partial q}=(-c+dp-\alpha)+\frac{3q(p_m u-p)(dp-\alpha)}{4p_m(u-v)(a-bp)}-\frac{(dp-\alpha)q}{a-bp}=0$$
$$(4.12)$$

解式(4.12)得到的 q 值即为制造商的最优生产量。

又由

$$\begin{aligned}\frac{\partial \Pi_{MT}}{\partial p} &= dq+\frac{3q^2(p_m ud-2dp+\alpha)}{8p_m(u-v)(a-bp)}+\frac{3bq^2(p_m u-p)(dp-\alpha)}{8p_m(u-v)(a-bp)^2} \\ &\quad -\frac{dq^2}{2(a-bp)}-\frac{b(dp-\alpha)q^2}{2(a-bp)^2}=0\end{aligned} \quad (4.13)$$

解式(4.13)得到的 p 值即为制造商的最优定价。

又由

$$\frac{\partial \Pi_{MT}}{\partial d}=pq+\frac{3pq^2(p_m u-p)}{8p_m(u-v)(a-bp)}-\frac{pq^2}{2(a-bp)}=0 \quad (4.14)$$

解式(4.14)得到的 d 值即为制造商的最优折扣。

又由

$$\frac{\partial \Pi_{MT}}{\partial \alpha}=-q-\frac{3q^2(p_m u-p)}{8p_m(u-v)(a-bp)}+\frac{q^2}{2(a-bp)}=0 \quad (4.15)$$

解式(4.15)得到的 α 值即为制造商的最优让利。

4.2.2 未售出处理模式下的制造商—集团客户产品供应策略模型

在这种供应模式下,对于制造商未能销售出去的产品进行打折处理。设制造商生产单位产品的边际成本为 c,生产 q 单位产品的总成本为 cq,制造商直销给集团客户的零售价为 p,折扣为 d,需求量为 $D_T(p,\varepsilon)$。当制造商的生产量大于需求量时,收入为 $dpD_T(p,\varepsilon)$,对于剩下的数量为 $q - D_T(p,\varepsilon)$ 的产品还要进行处理,对于这部分产品,制造商给予打折处理,价格为每单位 γ,则收入为 $dpD_T(p,\varepsilon) + \gamma[q - D_T(p,\varepsilon)]$;当制造商的生产量小于需求量时,则可将产品全部售出,收入为 dpq。由此可得制造商的利润为

$$\Pi_{MT} = \begin{cases} -cq + dpq, & D_T(p,\varepsilon) \geqslant q \\ -cq + dpD_T(p,\varepsilon) + \gamma[q - D_T(p,\varepsilon)], & D_T(p,\varepsilon) < q \end{cases} \quad (4.16)$$

利用概率论中的数学期望公式,并将式(3.20)和式(3.23)代入,可得

$$\begin{aligned}
\Pi_{MT} &= -cq + dp\int_0^q D_T(\varepsilon)f(\varepsilon)\mathrm{d}\varepsilon + dp\int_q^{2(a-bp)} qf(\varepsilon)\mathrm{d}\varepsilon \\
&\quad + \gamma\int_0^q [q - D_T(\varepsilon)]f(\varepsilon)\mathrm{d}\varepsilon \\
&= -cq + (dp - \gamma)\int_0^q \frac{3}{2} \cdot \frac{p_m u - p}{p_m(u-v)}\varepsilon \cdot \frac{1}{2(a-bp)} \cdot \mathrm{d}\varepsilon \\
&\quad + dp\int_q^{2(a-bp)} q \cdot \frac{1}{2(a-bp)}\mathrm{d}\varepsilon + \gamma\int_0^q q \cdot \frac{1}{2(a-bp)}\mathrm{d}\varepsilon \\
&= (-c+dp)q + \frac{3q^2(dp-\gamma)(p_m u - p)}{8p_m(u-v)(a-bp)} - \frac{(dp-\gamma)q^2}{2(a-bp)}
\end{aligned}$$
$$(4.17)$$

要想得到在这种供应模式下,制造商获取最大利润时的最优生产量、最优定价及最优折扣,只需运用最优化方法对上式进行相关函数的求导,令其导数为 0 即可。具体如下:

求制造商的最优生产量 q,则

$$\frac{\partial \Pi_{MT}}{\partial q} = (-c+dp) + \frac{3q(dp-\gamma)(p_m u - p)}{4p_m(u-v)(a-bp)} - \frac{q(dp-\gamma)}{a-bp} = 0$$
$$(4.18)$$

解式(4.18)得到的 q 值即为制造商的最优生产量。

又由

$$\begin{aligned}
\frac{\partial \Pi_{MT}}{\partial p} &= dq + \frac{3q^2(dp_m u - 2dp + \gamma)}{8p_m(u-v)(a-bp)} + \frac{3bq^2(dp-\gamma)(p_m u - p)}{8p_m(u-v)(a-bp)^2} \\
&\quad - \frac{dq^2}{2(a-bp)} - \frac{bq^2(dp-\gamma)}{2(a-bp)^2} = 0
\end{aligned} \quad (4.19)$$

解式(4.19)得到的 p 值即为制造商的最优定价。

又由

$$\frac{\partial \Pi_{\text{MT}}}{\partial d} = pq + \frac{3pq^2(p_{\text{m}}u - p)}{8p_{\text{m}}(u-v)(a-bp)} - \frac{pq^2}{2(a-bp)} = 0 \quad (4.20)$$

解式(4.20)得到的 d 值即为制造商的最优折扣。

4.3 零售商对个人客户制定产品供应策略模型

本节将从直接折扣模式、售出返利模式和未售出回收模式三个方面对本质需求模式下的零售商对个人客户制定产品供应策略进行数学建模,并求解零售商获取最大利润时的最优进货量、最优定价。

4.3.1 直接折扣模式下的零售商—个人客户产品供应策略模型

在这种供应模式下,传统的促销手段是制造商在给零售商供货时,每个产品在批发价 w_0 的基础上再优惠 α,并且直接从进货款项中扣除,因此零售商实际所得产品的批发价为 $w_0 - \alpha$,而零售商给个人客户的零售价为 p。此时,若零售商的进货量 $q \leqslant D_\text{T}$(此处,D_T 为需求量),则是供不应求的情况,所得的货均可卖出,那么零售商的收入为 pq;若零售商的进货量 $q > D_\text{T}$,则是供大于求的情况,此时零售商销售产品的收入为 pD_T,由此可得零售商的利润为

$$\Pi_{\text{RT}} = \begin{cases} -q(w_0 - \alpha) + pq, & q \leqslant D_\text{T} \\ -q(w_0 - \alpha) + pD_\text{T}, & q > D_\text{T} \end{cases} \quad (4.21)$$

其中,Π_{RT} 表示本质需求模式下零售商的利润。

利用概率论中的数学期望公式,并将式(3.20)和式(3.23)代入,可得

$$\begin{aligned}
\Pi_{\text{RT}} &= -w_0 q + \alpha q + p\int_0^q D_\text{T}(\varepsilon)f(\varepsilon)\mathrm{d}\varepsilon + p\int_q^{2(a-bp)} qf(\varepsilon)\mathrm{d}\varepsilon \\
&= -w_0 q + \alpha q + p\int_0^q \frac{3}{2}\left[1 - \frac{p - vp_\text{m}}{p_\text{m}(u-v)}\right]\varepsilon \cdot \frac{1}{2(a-bp)}\mathrm{d}\varepsilon \\
&\quad + p\int_q^{2(a-bp)} q \cdot \frac{1}{2(a-bp)} \cdot \mathrm{d}\varepsilon \\
&= -(w_0 - \alpha)q + \frac{3}{8}\left[1 - \frac{p - vp_\text{m}}{p_\text{m}(u-v)}\right] \cdot \frac{pq^2}{a-bp} + \frac{pq[2(a-bp) - q]}{2(a-bp)} \\
&= (-w_0 + \alpha + p)q + \frac{3pq^2(p_\text{m}u - p)}{8p_\text{m}(u-v)(a-bp)} - \frac{pq^2}{2(a-bp)} \quad (4.22)
\end{aligned}$$

利用最优化方法对上式求导,令其导数为0,得

$$\frac{\partial \Pi_{\text{RT}}}{\partial q} = -(w_0 - \alpha) + \frac{3qp[p_\text{m}(u-v) - p + vp_\text{m}]}{4p_\text{m}(u-v)(a-bp)} + \frac{2(a-bp)p - 2qp}{2(a-bp)}$$

$$= -(w_0 - \alpha) + \frac{3qp(p_\mathrm{m}u - p)}{4p_\mathrm{m}(u-v)(a-bp)} + p - \frac{qp}{a-bp}$$

$$= (-w_o + \alpha + p) + \frac{3pq(p_\mathrm{m}u - p)}{4p_\mathrm{m}(u-v)(a-bp)} - \frac{pq}{a-bp} = 0 \quad (4.23)$$

由于 Π_RT 可化简为

$$\Pi_\mathrm{RT} = -(w_0 - \alpha)q + \frac{3q^2p}{8bp_\mathrm{m}(u-v)}\left(1 - \frac{a-bp_\mathrm{m}u}{a-bp}\right) + qp - \frac{q^2}{2(a-bp)} \quad (4.24)$$

于是，

$$\frac{\partial \Pi_\mathrm{RT}}{\partial p} = \frac{3q^2}{8bp_\mathrm{m}(u-v)}\left(1 - \frac{a-bp_\mathrm{m}u}{a-bp}\right) - \frac{3q^2p}{8p_\mathrm{m}(u-v)} \cdot \frac{(a-bp_\mathrm{m}u)}{(a-bp)^2}$$

$$+ q - \frac{bq^2}{2(a-bp)^2} = 0 \quad (4.25)$$

解联立方程：

$$\begin{cases} \dfrac{\partial \Pi_\mathrm{RT}}{\partial q} = -(w_0 - \alpha) + \dfrac{3qp(p_\mathrm{m}u - p)}{4p_\mathrm{m}(u-v)(a-bp)} + p - \dfrac{pq}{a-bp} = 0 \\ \dfrac{\partial \Pi_\mathrm{RT}}{\partial p} = \dfrac{3q^2}{8bp_\mathrm{m}(u-v)}\left(1 - \dfrac{a-bp_\mathrm{m}u}{a-bp}\right) - \dfrac{3q^2p}{8p_\mathrm{m}(u-v)} \\ \quad \cdot \dfrac{(a-bp_\mathrm{m}u)}{(a-bp)^2} + q - \dfrac{bq^2}{2(a-bp)^2} = 0 \end{cases} \quad (4.26)$$

解式(4.26)得到的 q 值为零售商的最优进货量，p 值为零售商的最优定价。

4.3.2 售出返利模式下的零售商—个人客户产品供应策略模型

在这种供应模式下，制造商对零售商的让利并不是在进货时直接扣除的，而是在零售商将产品卖出去之后再进行返利的。设制造商在给定的批发价 w_0 的基础上对零售商每销售一个单位产品返利 β，而零售商的进货量为 q。若进货量大于需求量，即供大于求，则收入为 $(p+\beta)D_\mathrm{T}$，其中 p 为零售商的零售价；若进货量小于需求量，即供不应求，则收入为 $(p+\beta)q$。在这种模式下，零售商可得利润为

$$\Pi_\mathrm{RT} = \begin{cases} -w_0 q + (p+\beta)q, & q \leqslant D_\mathrm{T} \\ -w_0 q + (p+\beta)D_\mathrm{T}, & q > D_\mathrm{T} \end{cases} \quad (4.27)$$

利用概率论中的数学期望公式，并将式(3.20)和式(3.23)代入，可得

$$\Pi_\mathrm{RT} = -w_0 q + (p+\beta)\int_0^q D_\mathrm{T}(\varepsilon)f(\varepsilon)\mathrm{d}\varepsilon + (p+\beta)\int_q^{2(a-bp)} qf(\varepsilon)\mathrm{d}\varepsilon$$

$$= -w_0 q + (p+\beta)\int_0^q \frac{3}{2}\left[1 - \frac{p-vp_\mathrm{m}}{p_\mathrm{m}(u-v)}\right]\varepsilon f(\varepsilon)\mathrm{d}\varepsilon$$

$$+ (p+\beta)\int_q^{2(a-bp)} qf(\varepsilon)\mathrm{d}\varepsilon$$

$$= -w_0 q + \frac{3}{2} \cdot \frac{p_\mathrm{m}u - p}{p_\mathrm{m}(u-v)}(p+\beta) \cdot \frac{q^2}{4(a-bp)}$$

$$+ (p + \beta)q - \frac{(p + \beta)q^2}{2(a - bp)}$$

$$= (- w_0 + p + \beta)q + \frac{3q^2(p_m u - p)}{8p_m(u - v)} \cdot \frac{p + \beta}{(a - bp)} - \frac{(p + \beta)q^2}{2(a - bp)} \tag{4.28}$$

要想得到在这种供应模式下,零售商获取最大利润时的最优进货量及最优定价,只需运用最优化方法对上式进行相关函数的求导,令其导数为 0 即可。具体如下：

求零售商的最优进货量 q,则

$$\frac{\partial \Pi_{RT}}{\partial q} = - w_0 + p + \beta + \frac{3q(p_m u - p)(p + \beta)}{4p_m(u - v)(a - bp)} - \frac{(p + \beta)q}{(a - bp)} = 0 \tag{4.29}$$

解式(4.29)得到的 q 值即为零售商的最优进货量。

又由

$$\frac{\partial \Pi_{RT}}{\partial p} = q + \frac{3q^2(p_m u - 2p - \beta)}{8p_m(u - v)(a - bp)} + \frac{3bq^2(p_m u - p)(p + \beta)}{8p_m(u - v)(a - bp)}$$

$$- \frac{q^2}{2(a - bp)} - \frac{(p + \beta)bq^2}{2(a - bp)^2} = 0 \tag{4.30}$$

解式(4.30)得到的 p 值即为零售商的最优定价。

4.3.3 未售出回收模式下的零售商—个人客户产品供应策略模型

在这种供应模式下,对于零售商未能销售出去的产品,制造商以折扣价进行回收。在这种情形下,零售商以单价 w_0 进货,进货量为 q。若需求量 D_T 大于进货量 q,则产品可以全部售出,设零售价为 p,零售商所得收入为 pq;若需求量 D_T 小于进货量 q,则在卖出数量为 D_T 的产品后,还剩下数量为 $q - D_T$ 的产品未能售出,对于这部分产品,制造商给予的回收价为每单位 γ,则收入为 $pD_T + \gamma(q - D_T)$。由此可得零售商的利润为

$$\Pi_{RT} = \begin{cases} - w_0 q + pq, & q \leqslant D_T \\ - w_0 q + pD_T + \gamma(q - D_T), & q > D_T \end{cases} \tag{4.31}$$

利用概率论中的数学期望公式,并将式(3.20)和式(3.23)代入,可得

$$\Pi_{RT} = - w_0 q + p \int_0^q D_T(\varepsilon) f(\varepsilon) d\varepsilon + p \int_q^{2(a-bp)} q f(\varepsilon) d\varepsilon$$

$$+ \gamma \int_0^q [q - D_T(\varepsilon)] f(\varepsilon) d\varepsilon$$

$$= - w_0 q + p \int_0^q \frac{3}{2} \left[1 - \frac{p - v p_m}{p_m(u - v)}\right] \varepsilon f(\varepsilon) d\varepsilon + p \int_q^{2(a-bp)} q f(\varepsilon) d\varepsilon$$

$$+ \gamma \int_0^q \left\{q - \frac{3}{2}\left[1 - \frac{p - p_m v}{p_m(u - v)}\right]\right\} f(\varepsilon) d\varepsilon$$

$$= -w_0 q + \frac{3(p-\gamma)}{2} \cdot \frac{p_m u - p}{p_m(u-v)} \int_0^q \varepsilon \cdot \frac{1}{2(a-bp)} d\varepsilon$$

$$+ pq \int_q^{2(a-bp)} \frac{1}{2(a-bp)} d\varepsilon + \gamma \int_0^q q \cdot \frac{1}{2(a-bp)} d\varepsilon$$

$$= -w_0 q + \frac{3(p-\gamma)(p_m u - p)}{8 p_m (u-v)} \cdot \frac{q^2}{(a-bp)} + pq$$

$$- \frac{pq^2}{2(a-bp)} + \frac{\gamma q^2}{2(a-bp)}$$

$$= (-w_0 + p) q + \frac{3(p-\gamma) q^2 (p_m u - p)}{8 p_m (u-v)(a-bp)} - \frac{q^2 (p-\gamma)}{2(a-bp)} \quad (4.32)$$

要想得到在这种供应模式下，零售商获取最大利润时的最优进货量及最优定价，只需运用最优化方法对上式进行相关函数的求导，令其导数为 0 即可。具体如下：

求零售商的最优进货量 q，则

$$\frac{\partial \Pi_{RT}}{\partial q} = -w_0 + p + \frac{3(p-\gamma) q (p_m u - p)}{4 p_m (u-v)(a-bp)} - \frac{q(p-\gamma)}{a-bp} = 0 \quad (4.33)$$

解式(4.33)得到的 q 值即为零售商的最优进货量。

又由

$$\frac{\partial \Pi_{RT}}{\partial p} = q + \frac{3 q^2 (p_m u - 2p + \gamma)}{8 p_m (u-v)(a-bp)} + \frac{3 b q^2 (p-\gamma)(p_m u - p)}{8 p_m (u-v)(a-bp)}$$

$$- \frac{q^2}{2(a-bp)} - \frac{b q^2 (p-\gamma)}{2(a-bp)^2} = 0 \quad (4.34)$$

解式(4.34)得到的 p 值即为零售商的最优定价。

4.4 零售商对集团客户制定产品供应策略模型

由于集团客户与个人客户的主要区别在于集团客户的采购量较大，需求量也较大，且需求较为稳定，零售商想要长期和集团客户进行合作的一个重要前提就是必须要有针对性的优惠措施，如批量折扣等。因此，在这种供应模式下，设零售价为 p，对集团客户打 d 折，则集团客户的采购价为 dp。

本节将从直接折扣模式、售出返利模式和未售出回收模式三个方面对本质需求模式下的零售商对集团客户制定产品供应策略进行数学建模，并求解零售商获取最大利润时的最优进货量、最优定价及最优折扣。

4.4.1 直接折扣模式下的零售商—集团客户产品供应策略模型

在这种供应模式下，传统的促销手段是制造商在给零售商供货时，每个产品在

批发价 w_0 的基础上再优惠 α,并且直接从进货款项中扣除,因此零售商实际所得产品的批发价为 $w_0 - \alpha$,而零售商给集团客户的零售价为 p,且打 d 折。此时,若零售商的进货量 $q \leqslant D_T$,则是供不应求的情况,所得的货均可卖出,那么零售商的收入为 dpq;若零售商的进货量 $q > D_T$,则是供大于求的情况,此时零售商销售产品的收入为 dpD_T,由此可得零售商的利润为

$$\Pi_{RT} = \begin{cases} -q(w_0 - \alpha) + dpq, & q \leqslant D_T \\ -q(w_0 - \alpha) + dpD_T, & q > D_T \end{cases} \quad (4.35)$$

利用概率论中的数学期望公式,并将式(3.20)和式(3.23)代入,可得

$$\begin{aligned}
\Pi_{RT} &= -w_0 q + \alpha q + dp \int_0^q D_T(\varepsilon) f(\varepsilon) d\varepsilon + dpq \int_q^{2(a-bp)} f(\varepsilon) d\varepsilon \\
&= -w_0 q + \alpha q + dp \int_0^q \frac{3}{2} \cdot \frac{p_m u - p}{p_m(u-v)} \varepsilon \cdot \frac{1}{2(a-bp)} d\varepsilon \\
&\quad + dpq \int_q^{2(a-bp)} \frac{1}{2(a-bp)} d\varepsilon \\
&= (-w_0 + \alpha + dp)q + \frac{3 dpq^2(p_m u - p)}{8 p_m(u-v)(a-bp)} - \frac{dpq^2}{2(a-bp)}
\end{aligned}$$

(4.36)

要想得到在这种供应模式下,零售商获取最大利润时的最优进货量、最优定价及最优折扣,只需运用最优化方法对上式进行相关函数的求导,令其导数为 0 即可。具体如下:

求零售商的最优进货量 q,则

$$\frac{\partial \Pi_{RT}}{\partial q} = (-w_0 + \alpha + dp) + \frac{3 dpq(p_m u - p)}{4 p_m(u-v)(a-bp)} - \frac{dpq}{a-bp} = 0 \quad (4.37)$$

解式(4.37)得

$$q = \frac{4 p_m(u-v)(a-bp)(-w_0 + \alpha + dp)}{dp(3p + p_m u - 4 p_m v)} \quad (4.38)$$

解式(4.38)得到的 q 值即为零售商的最优进货量。

又由

$$\begin{aligned}
\frac{\partial \Pi_{RT}}{\partial p} &= dq + \frac{3 dq^2(p_m u - 2p)}{8 p_m(u-v)(a-bp)} + \frac{3 bdpq^2(p_m u - p)}{8 p_m(u-v)(a-bp)^2} \\
&\quad - \frac{dq^2}{2(a-bp)} - \frac{dbpq^2}{2(a-bp)^2} = 0
\end{aligned} \quad (4.39)$$

解式(4.39)得到的 p 值即为零售商的最优定价。

又由

$$\frac{\partial \Pi_{RT}}{\partial d} = pq + \frac{3 pq^2(p_m u - p)}{8 p_m(u-v)(a-bp)} - \frac{pq^2}{2(a-bp)} = 0 \quad (4.40)$$

解式(4.40)得到的 d 值即为零售商的最优折扣。

4.4.2 售出返利模式下的零售商—集团客户产品供应策略模型

在这种供应模式下,制造商对零售商的让利并不是在进货时直接扣除的,而是在零售商将产品卖出去之后再进行返利的。设制造商在给定的批发价 w_0 的基础上对零售商每销售一个单位产品返利 β,而零售商的进货量为 q。若进货量大于需求量,即供大于求,则收入为 $(dp+\beta)D_T$,其中 p 为零售商的零售价,dp 为给集团客户的折扣价;若进货量小于需求量,即供不应求,则收入为 $(dp+\beta)q$。在这种模式下,零售商可得利润为

$$\Pi_{RT} = \begin{cases} -w_0 q + (dp+\beta)q, & q \leqslant D_T \\ -w_0 q + (dp+\beta)D_T, & q > D_T \end{cases} \tag{4.41}$$

利用概率论中的数学期望公式,并将式(3.20)和式(3.23)代入,可得

$$\begin{aligned}
\Pi_{RT} &= -w_0 q + (dp+\beta)\int_0^q D_T(\varepsilon)f(\varepsilon)\mathrm{d}\varepsilon + (dp+\beta)\int_q^{2(a-bp)} f(\varepsilon)\mathrm{d}\varepsilon \\
&= -w_0 q + (dp+\beta)\int_0^q \frac{3}{2} \cdot \frac{p_m u - p}{p_m(u-v)}\varepsilon \cdot \frac{1}{2(a-bp)} \cdot \mathrm{d}\varepsilon \\
&\quad + (dp+\beta)q\int_q^{2(a-bp)} \frac{1}{2(a-bp)}\mathrm{d}\varepsilon \\
&= (-w_0 q + dp + \beta)q + \frac{3q^2(dp+\beta)(p_m u - p)}{8p_m(u-v)(a-bp)} - \frac{q^2(dp+\beta)}{2(a-bp)}
\end{aligned}$$
$$\tag{4.42}$$

要想得到在这种供应模式下,零售商获取最大利润时的最优进货量、最优定价及最优折扣,只需运用最优化方法对上式进行相关函数的求导,令其导数为 0 即可。具体如下:

求零售商的最优进货量 q,则

$$\frac{\partial \Pi_{RT}}{\partial q} = (-w_0 + dp + \beta) + \frac{3q(dp+\beta)(p_m u - p)}{4p_m(u-v)(a-bp)} - \frac{q(dp+\beta)}{(a-bp)} = 0 \tag{4.43}$$

解式(4.43)得到的 q 值即为零售商的最优进货量。

又由

$$\begin{aligned}
\frac{\partial \Pi_{RT}}{\partial p} &= dq + \frac{3q^2(dp_m u - 2dp - \beta)}{8p_m(u-v)(a-bp)} + \frac{3bq^2(dp+\beta)(p_m u - p)}{8p_m(u-v)(a-bp)^2} \\
&\quad - \frac{dq^2}{2(a-bp)} - \frac{bq^2(dp+\beta)}{2(a-bp)^2} = 0
\end{aligned} \tag{4.44}$$

解式(4.44)得到的 p 值即为零售商的最优定价。

又由

$$\frac{\partial \Pi_{RT}}{\partial d} = pq + \frac{3pq^2(p_m u - p)}{8p_m(u-v)(a-bp)} - \frac{pq^2}{2(a-bp)} = 0 \tag{4.45}$$

解式(4.45)得到的 d 值即为零售商的最优折扣。

4.4.3 未售出回收模式下的零售商—集团客户产品供应策略模型

在这种供应模式下,对于零售商未能销售出去的产品,制造商以折扣价进行回收。在这种情形下,零售商以单价 w_0 进货,进货量为 q。若需求量 D_T 大于进货量 q,则产品可以全部售出,设零售价为 p,对集团客户打 d 折,则零售商所得收入为 dpq;若需求量 D_T 小于进货量 q,则在卖出数量为 D_T 的产品后,还剩下数量为 $q-D_T$ 的产品未能售出,对于这部分产品,制造商给予回收价为每单位 γ,则收入为 $dpD_T+\gamma(q-D_T)$。由此可得零售商的利润为

$$\Pi_{RT} = \begin{cases} -w_0 q + dpq, & q \leqslant D_T \\ -w_0 q + dpD_T + \gamma(q-D_T), & q > D_T \end{cases} \quad (4.46)$$

利用概率论中的数学期望公式,并将式(3.20)和式(3.23)代入,可得

$$\Pi_{RT} = -w_0 q + dp\int_0^q D_T(\varepsilon)f(\varepsilon)\mathrm{d}\varepsilon + dp\int_q^{2(a-bp)} qf(\varepsilon)\mathrm{d}\varepsilon$$

$$+ \gamma\int_0^q [q - D_T(\varepsilon)]f(\varepsilon)\mathrm{d}\varepsilon$$

$$= -w_0 q + (dp-\gamma)\int_0^q \frac{3}{2}\cdot\frac{p_m u - p}{p_m(u-v)}\varepsilon\cdot\frac{1}{2(a-bp)}\cdot\mathrm{d}\varepsilon$$

$$+ dpq\int_q^{2(a-bp)} \frac{1}{2(a-bp)}\mathrm{d}\varepsilon + \gamma q\int_0^q \frac{1}{2(a-bp)}\mathrm{d}\varepsilon$$

$$= (-w_0 + dp)q + \frac{3q^2(dp-\gamma)(p_m u - p)}{8p_m(u-v)(a-bp)} - \frac{dpq^2}{2(a-bp)} + \frac{\gamma q^2}{2(a-bp)}$$

$$= (-w_0 + dp)q + \frac{3q^2(dp-\gamma)(p_m u - p)}{8p_m(u-v)(a-bp)} + \frac{(\gamma-dp)q^2}{2(a-bp)} \quad (4.47)$$

要想得到在这种供应模式下,零售商获取最大利润时的最优进货量、最优定价及最优折扣,只需运用最优化方法对上式进行相关函数的求导,令其导数为 0 即可。具体如下:

求零售商的最优进货量 q,则

$$\frac{\partial \Pi_{RT}}{\partial q} = (-w_0 + dp) + \frac{3q(dp-\gamma)(p_m u - p)}{4p_m(u-v)(a-bp)} + \frac{q(\gamma-dp)}{(a-bp)} = 0 \quad (4.48)$$

解式(4.48)得到的 q 值即为零售商的最优进货量。

又由

$$\frac{\partial \Pi_{RT}}{\partial p} = dq + \frac{3q^2(dp_m u - 2dp + \gamma)}{8p_m(u-v)(a-bp)} + \frac{3bq^2(dp-\gamma)(p_m u - p)}{8p_m(u-v)(a-bp)^2}$$

$$- \frac{dq^2}{2(a-bp)} + \frac{bq^2(\gamma-dp)}{2(a-bp)^2} = 0 \quad (4.49)$$

解式(4.49)得到的 p 值即为零售商的最优定价。

又由

$$\frac{\partial \Pi_{\mathrm{RT}}}{\partial d} = pq + \frac{3pq^2(p_{\mathrm{m}}u - p)}{8p_{\mathrm{m}}(u-v)(a-bp)} - \frac{pq^2}{2(a-bp)} = 0 \quad (4.50)$$

解式(4.50)得到的 d 值即为零售商的最优折扣。

4.5 算例分析

由于在不同需求模式下制造商和零售商对个人客户和集团客户制定产品供应策略实现利润最优的模型中变量关系非常复杂,最优生产量(进货量)、最优定价和最优折扣均没有显式解。因此,为了检验模型是否能真实地反映不同需求模式下的产品供应策略及模型是否能正确地刻画事件内在变量之间的相互关系和服从的客观规律,我们将对各个子模型通过数值算例的方式验证其最优解的情况。

由于制造商和零售商在对集团客户制定产品供应策略时是在对个人客户制定产品供应策略的基础上再增加一个决策变量 d,即制造商和零售商对集团客户的最优定价是在个人客户的最优定价的基础上再打 d 折。由此,本节的重点是检验基于本质需求模式的制造商和零售商对个人客户和集团客户制定产品供应策略模型的有效性。

4.5.1 制造商—个人客户产品供应策略

由于制造商和零售商在销售模式上不同,如制造商对个人客户属于直接销售,所以中间环节的成本为 0。零售商则需要先从制造商那里批发产品,然后经过运输等环节,甚至还有可能需要经过二次经销商环节,因此存在较大的中间成本,这导致制造商和零售商在价格策略上存在较大的差异。

假设某制造商计划生产和销售一款普通产品,设这款产品的单位生产成本为 50,如果生产量大还能进一步降低成本,又设市场上该产品当前的最高零售价为 100,此时制造商向个人客户直销的产品零售价需要满足 $50 < p \leqslant 100$ 才能实现盈利。我们要解决的问题是制造商如何制定最优生产量和最优定价。

考虑到生产量对价格和收益的影响,在模型求解之前,我们首先对相关变量进行定义。式中,$0 \sim 2(a-bp)$ 是制造商生产量的范围,p 是制造商向个人客户直销的产品零售价,q 是制造商的生产量,α 是制造商给个人客户的再优惠,c 是制造商生产单位产品的边际成本,p_{m} 是制造商销售产品的最高价格,γ 是制造商打折处理的价格,u 是产品的实用效能,v 是产品的品位功能效能。设基本参数如下:$a=70, c=50, d_0=0.2, b=0.5, p_{\mathrm{m}}=100, u=1.2, v=0.5$。

由于直接折扣模式和售出返利模式中的直接折扣和售出返利属于同等意思,由此我们将分别对直接折扣模式和未售出处理模式这两种经销模式进行算例分析,验证相应的数学模型的有效性,并探析制造商获取最优利润时的最优生产量和最优定价。

4.5.1.1 直接折扣模式下的制造商—个人客户产品供应策略

假设制造商生产单位产品的边际成本为 c,生产 q 单位产品的总成本为 cq,制造商直销给个人客户的零售价为 p,需求量为 $D_T(p,\varepsilon)$。当对个人客户直销供货时,为了促进销售每个产品再优惠 α。当制造商的生产量大于需求量时,收入为 $(p-\alpha)D_T(p,\varepsilon)$;当制造商的生产量小于需求量时,则可将产品全部售出,收入为 $(p-\alpha)q$。与此同时,为了了解制造商对个人客户再优惠 α 对最优生产量和最优定价产生的影响,我们将对 α 在区间(0.5,3)内并以 0.5 递增进行数值计算。

运用 Mathematica 8.0 将设置的基本参数代入式(4.3)和式(4.4)进行求解,可得制造商的最优生产量和最优定价。

数值计算表明,在直接折扣模式下,满足约束条件 $50<p\leqslant100$ 的最优解只有一个,由此,我们计算了这个最优解(计算结果见表 4.1)。由表 4.1 可知,在这种经销模式下,最优定价与最优生产量均大于 0,由此验证了模型的有效性。此外,我们发现,优惠值 α 越大,最优定价 p 与最优生产量 q 成正比。由商品经营规律可知,如果需求量增加的幅度小于价格上升的幅度,那么总收益将增加。因此,随着 α 值增加,定价呈下降趋势,此时生产量增加,相应的制造商总收入增加,从而获得的期望利润也增加。

表 4.1 直接折扣模式下的最优定价和最优生产量

α	p	q
0.5	50.51	0.04
1	51.01	0.04
1.5	51.51	0.04
2	52.01	0.04
2.5	52.51	0.04
3	53.01	0.04

数据来源:数值计算结果。

我们利用 Mathematica 8.0 的制图功能将表 4.1 推广到图 4.1。如图 4.1 所示,横轴表示定价 p,纵轴表示生产量 q。在直接折扣模式下,最优定价与最优生产量呈倒向的抛物线关系,抛物线呈向上趋势的最高点即为制造商的最优定价,但是在实际商品交易过程中,往往会出现讨价还价等各种不稳定的因素。因此,由 Pukelsheim[206]的三西格玛准则可知,制造商对个人客户销售的产品定价在区间 (70,74)内,制造商的利润可以达到现实状态下的最大化。此时,由最优化理论可知,制造商的利润达到最优。

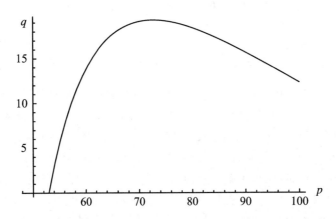

图 4.1　直接折扣模式下的制造商最优定价随最优生产量变化趋势图
数据来源：数值计算结果。

4.5.1.2　未售出处理模式下的制造商—个人客户产品供应策略

在这种供应模式下，对于制造商未能销售出去的产品进行打折处理。设制造商生产单位产品的边际成本为 c，生产量为 q，此时制造商的总成本为 cq，制造商直销给个人客户的零售价为 p，需求量为 $D_T(p,\varepsilon)$。当制造商的生产量大于需求量时，收入为 $pD_T(p,\varepsilon)$，对于剩下的数量为 $q-D_T(p,\varepsilon)$ 的产品还要进行处理，对于这部分产品，制造商给予打折处理，价格为每单位 γ，则收入为 $pD_T(p,\varepsilon)+\gamma[q-D_T(p,\varepsilon)]$；当制造商的生产量小于需求量时，则可将产品全部售出，收入为 pq。与此同时，为了了解制造商的打折处理价格 γ 对最优生产量和最优定价产生的影响，我们将对 γ 在区间 $(44,49)$ 内并以 1 递增进行数值计算。

运用 Mathematica 8.0 将设置的基本参数代入式(4.8)和式(4.9)进行求解，可得制造商的最优生产量和最优定价。

数值计算表明，在未售出处理模式下，满足约束条件 $50<p\leqslant100$ 的最优解只有一个，由此，我们计算了这个最优解（计算结果见表 4.2）。由表 4.2 可知，在这种经销模式下，最优定价与最优生产量均大于 0，由此验证了模型的有效性。此外，我们发现，打折处理价格 γ 越大，最优定价 p 与最优生产量 q 成反比。由商品经营规律可知，如果需求量增加的幅度大于价格下降的幅度，那么总收益将增加。因此，随着 γ 值增加，定价呈下降趋势，此时生产量增加，相应的制造商总收入增加，从而获得的期望利润也增加。

我们利用 Mathematica 8.0 的制图功能将表 4.2 推广到图 4.2。如图 4.2 所示，横轴表示定价 p，纵轴表示生产量 q。在未售出处理模式下，最优定价与最优生产量的关系呈倒向的抛物线关系，抛物线呈向上趋势的最高点即为制造商的最优定价。因此，由 Pukelsheim[206] 的三西格玛准则可知，制造商对个人客户销售的产品定价在区间 $(56,58)$ 内，制造商的利润可以达到现实状态下的最大化。此时，由最优化理论可知，制造商的利润达到最优。

表 4.2 未售出处理模式下的最优定价和最优生产量

γ	p	q
44	82.72	40.3
45	82.13	42.13
46	81.49	44.19
47	80.79	46.52
48	80	49.22
49	79.11	52.38

数据来源:数值计算结果。

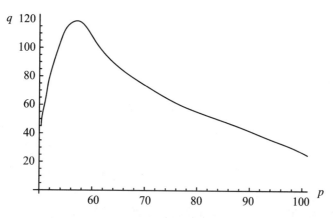

图 4.2 未售出处理模式下的制造商最优定价随最优生产量变化趋势图
数据来源:数值计算结果。

4.5.2 制造商—集团客户产品供应策略

4.5.2.1 直接折扣模式下的制造商—集团客户产品供应策略

设制造商生产单位产品的边际成本为 c,生产 q 单位产品的总成本为 cq,制造商直销给集团客户的零售价为 p,需求量为 $D_T(p,\varepsilon)$。当对集团客户直销供货时,为了促进长期合作,在打 d 折的情况下每个产品再优惠 α。当制造商的生产量大于需求量时,收入为 $(dp-\alpha)D_T(p,\varepsilon)$;当制造商的生产量小于需求量时,则可将产品全部售出,收入为 $(dp-\alpha)q$。与此同时,为了了解制造商对集团客户再优惠 α 对最优生产量、最优定价和最优折扣产生的影响,我们将对 α 在区间 $(0.5,3)$ 内并以 0.5 递增进行数值计算。

运用 Mathematica 8.0 将表 4.1 的结果代入式(4.11)进行求解,可得制造商的最优折扣。

数值计算表明,在直接折扣模式下,满足约束条件 $50<p\leqslant100$ 的最优解只有一个,由此,我们计算了这个最优解(计算结果见表 4.3)。由表 4.3 可知,在这种经销模式下,最优定价、最优生产量与最优折扣均大于 0,由此验证了模型的有效性。

此外,我们发现,优惠值 α 越大,最优定价 p 与最优生产量 q 成正比。由商品经营规律可知,如果需求量增加的幅度大于价格下降的幅度,那么总收益将增加。因此,随着 α 值增加,折扣降低,故而定价呈下降趋势,此时生产量增加,相应的制造商总收入增加,从而获得的期望利润也增加。

表 4.3　直接折扣模式下的最优定价、最优生产量和最优折扣

α	p	q	d
0.5	50.51	0.04	9.96
1	51.01	0.04	8.9
1.5	51.51	0.04	8.44
2	52.01	0.04	8.02
2.5	52.51	0.04	7.64
3	53.01	0.04	7.28

数据来源:数值计算结果。

我们利用 Mathematica 8.0 的制图功能将表 4.3 推广到图 4.3。上文中,图 4.1 的横轴表示定价 p,纵轴表示生产量 q。图 4.3 的横轴表示折扣 d,纵轴表示生产量 q。综合图 4.1 和图 4.3 可以发现,在直接折扣模式下,最优定价与最优生产量呈倒向的抛物线关系(图 4.1),抛物线呈向上趋势的最高点即为制造商的最优定价。因此,由 Pukelsheim[206] 的三西格玛准则可知,制造商对个人客户销售的产品定价在区间(70,74)内,制造商的利润可以达到现实状态下的最大化。与此同时,如图 4.3 所示,制造商对集团客户的折扣在区间(0,7.3)内,生产量 q 的数值是负数,这表明制造商对该产品的销售是亏本的。此时,由利润最优原则可知,制造商对集团客户的折扣应该在区间(7.4,10)内,折扣值越接近 10,所获得的利润越大。

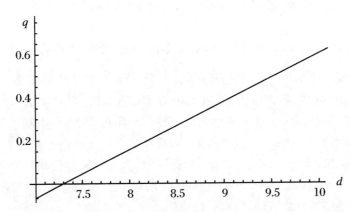

图 4.3　直接折扣模式下的制造商最优折扣随最优生产量变化趋势图
数据来源:数值计算结果。

4.5.2.2　未售出处理模式下的制造商—集团客户产品供应策略

在这种供应模式下,对于制造商未能销售出去的产品进行打折处理。设制造

商生产单位产品的边际成本为 c,生产量为 q,此时制造商的总成本为 cq,制造商直销给集团客户的零售价为 p,折扣为 d,需求量为 $D_T(p,\varepsilon)$。当制造商的生产量大于需求量时,收入为 $dpD_T(p,\varepsilon)$,对于剩下的数量为 $q-D_T(p,\varepsilon)$ 的产品还要进行处理,对于这部分产品,制造商给予打折处理,价格为每单位 γ,则收入为 $dpD_T(p,\varepsilon)+\gamma[q-D_T(p,\varepsilon)]$;当制造商的生产量小于需求量时,则可将产品全部售出,收入为 dpq。与此同时,为了了解制造商的打折处理价格 γ 对最优生产量、最优定价和最优折扣产生的影响,我们将对 γ 在区间 $(44,49)$ 内并以 1 递增进行数值计算。

运用 Mathematica 8.0 将表 4.2 的结果代入式(4.17)进行求解,可得制造商的最优折扣。

数值计算表明,在未售出处理模式下,满足约束条件 $50<p\leqslant100$ 的最优解只有一个,由此,我们计算了这个最优解(计算结果见表 4.4)。由表 4.4 可知,在这种经销模式下,最优定价与最优生产量均大于 0,由此验证了模型的有效性。此外,我们发现,打折处理价格 γ 越大,最优定价 p 与最优生产量 q 成反比。由商品经营规律可知,如果需求量增加的幅度大于价格下降的幅度,那么总收益将增加。因此,随着 γ 值增加,定价呈下降趋势,此时生产量增加,相应的制造商总收入增加,从而获得的期望利润也增加。

表 4.4　未售出处理模式下的最优定价、最优生产量和最优折扣

γ	p	q	d
44	82.72	40.3	0.66
45	82.13	42.13	0.66
46	81.49	44.19	0.65
47	80.79	46.52	0.65
48	80	49.22	0.65
49	79.11	52.38	0.64

数据来源:数值计算结果。

我们利用 Mathematica 8.0 的制图功能将表 4.4 推广到图 4.4。上文中,图 4.2 的横轴表示定价 p,纵轴表示生产量 q。图 4.4 的横轴表示折扣 d,纵轴表示生产量 q。综合图 4.2 和图 4.4 可以发现,在未售出处理模式下,最优定价与最优生产量呈倒向的抛物线关系(图 4.2),抛物线呈向上趋势的最高点即为制造商的最优定价。因此,由 Pukelsheim[206] 的三西格玛准则可知,制造商对个人客户销售的产品定价在区间 $(56,58)$ 内,制造商的利润可以达到现实状态下的最大化。与此同时,如图 4.4 所示,制造商对集团客户的折扣在区间 $(0,0.64)$ 内,生产量 q 的数值是负数,这表明制造商对该产品的销售是亏本的。此时,由利润最优原则可知,制造商对集团客户的折扣应该在区间 $(0.64,1)$ 内,折扣值越接近 1,所获得的利润越大。

4.5.3　零售商—个人客户产品供应策略

某零售商计划销售 J 公司生产的一款普通产品。假设 J 公司生产这款产品的单位生产成本为 70,且市场上该产品当前的最高零售价为 100,此时零售商向个人客户销售的产品零售价需要满足 $70 < p \leqslant 100$ 才能实现盈利。我们要解决的问题是零售商如何制定最优进货量和最优定价。

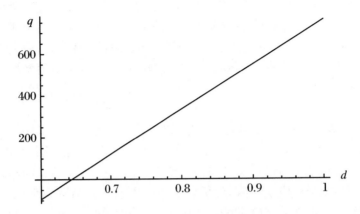

图 4.4　未售出处理模式下的制造商最优折扣随最优生产量变化趋势图
数据来源:数值计算结果。

前文已经对制造商和零售商的销售模式进行了比较分析,分析结果表明,制造商和零售商在销售模式上存在着较大的差异,因此在参数设置上也有所不同。考虑到进货量对价格和收益的影响,在模型求解之前,我们首先对相关变量进行定义。式中,$0 \sim 2(a-bp)$ 是零售商进货量的范围,p 是零售商针对个人客户的产品零售价,q 是零售商的进货量,α 是制造商给零售商每单位产品的返利,w_0 是制造商的批发价,p_m 是零售商销售产品的最高价格,γ 是制造商向零售商回收产品的价格,u 是产品的实用效能,v 是产品的品位功能效能。设基本参数如下:$a = 90$,$w_0 = 70$,$d_0 = 0.2$,$b = 0.8$,$p_m = 100$,$u = 0.9$,$v = 0.8$。

下面将分别对直接折扣模式、售出返利模式和未售出回收模式这三种经销模式进行算例分析,验证相应的数学模型的有效性,并探析零售商获取最优利润时的最优进货量和最优定价。

4.5.3.1　直接折扣模式下的零售商—个人客户产品供应策略

假设制造商为了鼓励销售,对零售商批发的每个产品在批发价 w_0 的基础上再优惠 α,并且直接从进货款项中扣除,因此零售商实际所得产品的批发价为 $w_0 - \alpha$,而零售商给个人客户的零售价为 p。此时,若零售商的进货量 $q \leqslant D_T$(此处,D_T 为需求量),则是供不应求的情况,所得的货均可卖出,那么零售商的收入为 pq;若零售商的进货量 $q > D_T$,则是供大于求的情况,此时零售商销售产品的收入为 pD_T。与此同时,为了了解制造商对零售商再优惠 α 对零售商的最优进货量和最优定价产生的影响,我们将对 α 在区间 (0.5,3) 内并以 0.5 递增进行数值计算。

运用 Mathematica 8.0 将设置的基本参数代入式 (4.26) 进行求解,可得零售商的最优进货量和最优定价。

数值计算表明,在直接折扣模式下,满足约束条件 $70 < p \leqslant 100$ 的最优解有两

个,由此,我们分别计算了这两个最优解(计算结果见表 4.5)。由表 4.5 可知,在这种经销模式下,最优定价与最优生产量均大于 0,由此验证了模型的有效性。此外,我们发现,优惠值 α 越大,最优定价 p 与最优进货量 q 成反比。由商品经营规律可知,如果需求量增加的幅度大于价格下降的幅度,那么总收益将增加。因此,随着 α 值增加,定价呈上升趋势,此时进货量增加,相应的零售商总收入增加,从而获得的期望利润也增加。

表 4.5 直接折扣模式下的最优定价和最优进货量

α	p_1	q_1	p_2	q_2
0.5	79.39	16.14	96.33	2.44
1	79.65	15.71	95.97	2.57
1.5	79.91	15.27	95.58	2.7
2	80.2	14.81	95.19	2.84
2.5	80.51	14.35	94.78	3
3	80.83	13.88	94.34	3.18

数据来源:数值计算结果。

我们利用 Mathematica 8.0 的制图功能将表 4.5 推广到图 4.5。如图 4.5 所示,横轴表示定价 p,纵轴表示进货量 q。在直接折扣模式下,最优定价与最优进货量呈双曲线关系,零售商对个人客户销售的产品定价较低,相应的进货量则较高,曲线呈向上趋势的最高点即为零售商的最优定价。因此,由 Pukelsheim[206] 的三西格玛准则可知,零售商对个人客户销售的产品定价在区间 (77, 79) 内,零售商的利润可以达到现实状态下的最大化。此时,由最优化理论可知,零售商的利润达到最优。但是,如图 4.5 所示,如果产品定价在区间 (70, 76) 内,曲线呈向下趋势,将会出现进货量为负值的情况,这不符合商品经营规律,由此可以推断,此时零售商对该产品的销售是亏本的。

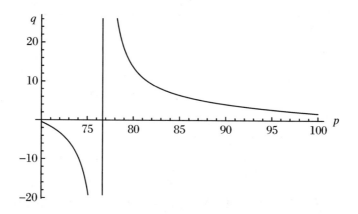

图 4.5 直接折扣模式下的零售商最优定价随最优进货量变化趋势图
数据来源:数值计算结果。

4.5.3.2 售出返利模式下的零售商—个人客户产品供应策略

设制造商在给定的批发价 w_0 的基础上对零售商每销售一个单位产品返利 β，而零售商的进货量为 q。若进货量大于需求量，即供大于求，则收入为 $(p+\beta)D_T$，其中 p 为零售商的零售价；若进货量小于需求量，即供不应求，则收入为 $(p+\beta)q$。与此同时，为了了解制造商对零售商再返利 β 对零售商的最优进货量和最优定价产生的影响，我们将对 β 在区间 $(0.5,3)$ 内并以 0.5 递增进行数值计算。

运用 Mathematica 8.0 将设置的基本参数代入式(4.29)和式(4.30)进行求解，可得零售商的最优进货量和最优定价。

数值计算表明，在售出返利模式下，满足约束条件 $70<p\leqslant 100$ 的最优解只有一个，由此，我们计算了这个最优解(计算结果见表 4.6)。由表 4.6 可知，在这种经销模式下，最优定价与最优进货量均大于 0，由此验证了模型的有效性。此外，我们发现，返利值 β 越大，最优定价 p 与最优进货量 q 成正比。由商品经营规律可知，如果需求量增加的幅度小于价格上升的幅度，那么总收益将增加。因此，随着 β 值减小，定价呈上升趋势，此时进货量增加，相应的零售商总收入增加，从而获得的期望利润也增加。

表 4.6 售出返利模式下的最优定价和最优进货量

β	p	q
0.5	89.45	4.26
1	89.41	4.36
1.5	89.38	4.46
2	89.34	4.55
2.5	89.31	4.65
3	89.28	4.74

数据来源：数值计算结果。

我们利用 Mathematica 8.0 的制图功能将表 4.6 推广到图 4.6。如图 4.6 所示，横轴表示定价 p，纵轴表示进货量 q。在售出返利模式下，最优定价与最优进货量呈抛物线关系，零售商对个人客户销售的产品定价越低，进货量越高，抛物线呈向上趋势的最高点即为零售商的最优定价。因此，由 Pukelsheim[206] 的三西格玛准则可知，零售商对个人客户销售的产品定价在区间 $(79,80)$ 内，零售商的利润可以达到现实状态下的最大化。此时，由最优化理论可知，零售商的利润达到最优。但是，如图 4.6 所示，如果产品定价在区间 $(98,100)$ 内，抛物线呈向下趋势，将会出现进货量为负值的情况，这不符合商品经营规律，由此可以推断，此时零售商对该产品的销售是亏本的。

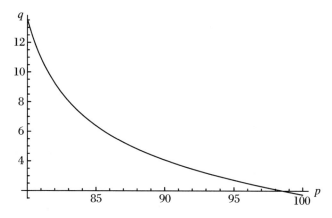

图 4.6　售出返利模式下的零售商最优定价随最优进货量变化趋势图
数据来源：数值计算结果。

4.5.3.3　未售出回收模式下的零售商—个人客户产品供应策略

假设对于零售商未能销售出去的产品，制造商以折扣价进行回收。在这种情形下，零售商以单价 w_0 进货，进货量为 q。若需求量 D_T 大于进货量 q，则产品可以全部售出，设零售价为 p，零售商所得收入为 pq；若需求量 D_T 小于进货量 q，则在卖出数量为 D_T 的产品后，还剩下数量为 $q-D_T$ 的产品未能售出，对于这部分产品，制造商给予的回收价为每单位 γ，则收入为 $pD_T+\gamma(q-D_T)$。与此同时，为了了解制造商对零售商的回收价 γ 对零售商的最优进货量和最优定价产生的影响，我们将对 γ 在区间 $(64,69)$ 内并以 1 递增进行数值计算。

运用 Mathematica 8.0 将设置的基本参数代入式 (4.33) 和式 (4.34) 进行求解，可得零售商的最优进货量和最优定价。

数值计算表明，在未售出回收模式下，满足约束条件 $70<p\leqslant 100$ 的最优解只有一个，由此，我们计算了这个最优解（计算结果见表 4.7）。由表 4.7 可知，在这种经销模式下，最优定价与最优进货量均大于 0，由此验证了模型的有效性。此外，我们发现，回收价 γ 越大，最优定价 p 与最优进货量 q 成正比。由商品经营规律可知，如果需求量增加的幅度大于价格下降的幅度，那么总收益将增加。因此，随着 γ 值增加，定价呈下降趋势，此时进货量增加，相应的零售商总收入增加，从而获得的期望利润也增加。

表 4.7　未售出回收模式下的最优定价和最优进货量

γ	p	q
64	89.05	15.37
65	89.02	16.05
66	88.99	16.8
67	88.96	17.63

续表

γ	p	q
68	88.93	18.54
69	88.39	19.56

数据来源:数值计算结果。

我们利用 Mathematica 8.0 的制图功能将表 4.7 推广到图 4.7。如图 4.7 所示,横轴表示定价 p,纵轴表示进货量 q。在未售出回收模式下,最优定价与最优进货量呈抛物线关系,零售商对个人客户销售的产品定价越低,进货量越高,抛物线呈向上趋势的最高点即为零售商的最优定价。因此,由 Pukelsheim[206] 的三西格玛准则可知,零售商对个人客户销售的产品定价在区间(79,80)内,零售商的利润可以达到现实状态下的最大化。此时,由最优化理论可知,零售商的利润达到最优。但是,如图 4.7 所示,如果产品定价在区间(93,100)内,抛物线呈向下趋势,将会出现进货量为负值的情况,这不符合商品经营规律,由此可以推断,此时零售商对该产品的销售是亏本的。

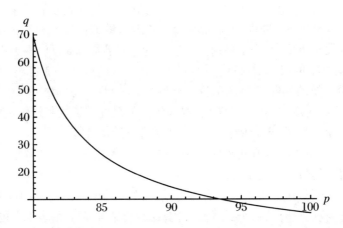

图 4.7　未售出回收模式下的零售商最优定价随最优进货量变化趋势图
数据来源:数值计算结果。

4.5.4　零售商—集团客户产品供应策略

4.5.4.1　直接折扣模式下的零售商—集团客户产品供应策略

假设制造商为了鼓励销售,对零售商批发的每个产品在批发价 w_0 的基础上再优惠 α,并且直接从进货款项中扣除,因此零售商实际所得产品的批发价为 $w_0 - \alpha$,而零售商给集团客户的零售价为 p,且打 d 折。此时,若零售商的进货量 $q \leqslant D_T$,则是供不应求的情况,所得的货均可卖出,那么零售商的收入为 dpq;若零售商的进货量 $q > D_T$,则是供大于求的情况,此时零售商所销售产品的收入为 dpD_T。与此同时,为了了解制造商对零售商再优惠 α 对零售商的最优进货量、最优定价和最优折扣产生的影响,我们将对 α 在区间(0.5,3)内并以 0.5 递增进行数值计算。

运用 Mathematica 8.0 将表 4.5 的结果代入式(4.36)进行求解,可得零售商的最优折扣。

数值计算表明,在直接折扣模式下,满足约束条件 $70<p\leqslant 100$ 的最优解有两个,由此,我们分别计算了这两个最优解(计算结果见表 4.8)。由表 4.8 可知,在这种经销模式下,最优定价、最优进货量和最优折扣均大于 0,由此验证了模型的有效性。此处,我们发现,优惠值 α 越大,最优定价 p 与最优进货量 q 成反比。由商品经营规律可知,如果需求量增加的幅度大于价格下降的幅度,那么总收益将增加。因此,随着 α 值减小,定价呈下降趋势,此时进货量增加,相应的零售商总收入增加,从而获得的期望利润也增加。

表 4.8　直接折扣模式下的最优定价、最优进货量和最优折扣

α	p_1	q_1	d_1	p_2	q_2	d_2
0.5	79.39	16.14	1.22	96.33	2.44	7.16
1	79.65	15.71	1.24	95.97	2.57	6.76
1.5	79.91	15.27	1.27	95.58	2.7	6.39
2	80.2	14.81	1.29	95.19	2.84	6.05
2.5	80.51	14.35	1.32	94.78	3	5.69
3	80.83	13.88	1.35	94.34	3.18	5.34

数据来源:数值计算结果。

我们利用 Mathematica 8.0 的制图功能将表 4.8 推广到图 4.8。上文中,图 4.5 的横轴表示定价 p,纵轴表示进货量 q。图 4.8 的横轴表示折扣 d,纵轴表示进货量 q。综合图 4.5 和图 4.8 可以发现,在直接折扣模式下,最优定价与最优进货量呈双曲线关系(图 4.5),曲线呈向上趋势的最高点即为零售商的最优定价。因

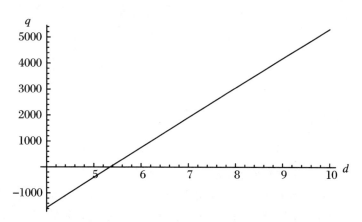

图 4.8　直接折扣模式下的零售商最优折扣随最优进货量变化趋势图
数据来源:数值计算结果。

此,由 Pukelsheim[206]的三西格玛准则可知,零售商对个人客户销售的产品定价在区间(77,79)内,零售商的利润可以达到现实状态下的最大化。与此同时,如图4.8所示,制造商对集团客户的折扣在区间(0,5.4)内,进货量 q 的数值是负数,这表明零售商对该产品的销售是亏本的。此时,由利润最优原则可知,零售商对集团客户的折扣应该在区间(5.4,10)内,折扣值越接近10,所获得的利润越大。

4.5.4.2　售出返利模式下的零售商—集团客户产品供应策略

假设制造商在给定的批发价 w_0 的基础上对零售商每销售一个单位产品返利 β,而零售商的进货量为 q。若进货量大于需求量,即供大于求,则收入为 $(dp+\beta)D_T$,其中 p 为零售商的零售价,dp 为给集团客户的折扣价;若进货量小于需求量,即供不应求,则收入为 $(dp+\beta)q$。与此同时,为了了解制造商对零售商再返利 β 对零售商的最优进货量、最优定价和最优折扣产生的影响,我们将对 β 在区间(0.5,3)内并以 0.5 递增进行数值计算。

运用 Mathematica 8.0 将表 4.6 的结果代入式(4.42)进行求解,可得零售商的最优折扣。

数值计算表明,在售出返利模式下,满足约束条件 $70 < p \leqslant 100$ 的最优解只有一个,由此,我们计算了这个最优解(计算结果见表 4.9)。由表 4.9 可知,在这种经销模式下,最优定价、最优进货量和最优折扣均大于 0,由此验证了模型的有效性。此外,我们发现,返利值 β 越大,最优定价 p 与最优进货量 q 成正比。由商品经营规律可知,如果需求量增加的幅度小于价格上升的幅度,那么总收益将增加。因此,随着 β 值增加,定价呈下降趋势,此时进货量增加,相应的零售商总收入增加,从而获得的期望利润也增加。

表 4.9　售出返利模式下的最优定价、最优进货量和最优折扣

β	p	q	d
0.5	89.45	4.26	3.74
1	89.41	4.36	3.84
1.5	89.38	4.46	3.93
2	89.34	4.55	4.01
2.5	89.31	4.65	4.11
3	89.28	4.74	4.19

数据来源:数值计算结果。

我们利用 Mathematica 8.0 的制图功能将表 4.9 推广到图 4.9。上文中,图 4.6 的横轴表示定价 p,纵轴表示进货量 q。图 4.9 的横轴表示折扣 d,纵轴表示进货量 q。综合图 4.6 和图 4.9 可以发现,在售出返利模式下,最优定价与最优进货量呈抛物线关系(图 4.6),零售商对个人客户销售的产品定价越低,进货量越高,抛物线呈向上趋势的最高点即为零售商的最优定价。因此,由 Pukelsheim[206]的三西格玛准则可知,零售商对个人客户销售的产品定价在区间(79,80)内,零售商的利润可

以达到现实状态下的最大化。与此同时,如图4.9所示,零售商对集团客户的折扣在区间(0,4.2)内,进货量 q 的数值是负数,这表明零售商对该产品的销售是亏本的。此时,由利润最优原则可知,零售商对集团客户的折扣应该在区间(4.2,10)内,折扣值越接近10,所获得的利润越大。

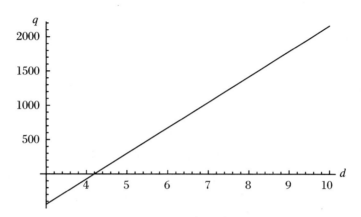

图4.9 售出返利模式下的零售商最优折扣随最优进货量变化趋势图
数据来源:数值计算结果。

4.5.4.3 未售出回收模式下的零售商—集团客户产品供应策略

假设对于零售商未能销售出去的产品,制造商以折扣价进行回收。在这种情形下,零售商以单价 w_0 进货,进货量为 q。若需求量 D_T 大于进货量 q,则产品可以全部售出,设零售价为 p,对集团客户打 d 折,则零售商所得收入为 dpq;若需求量 D_T 小于进货量 q,则在卖出数量为 D_T 的产品后,还剩下数量为 $q-D_T$ 的产品未能售出,对于这部分产品,制造商给予的回收价为每单位 γ,则收入为 $dpD_T+\gamma(q-D_T)$。与此同时,为了解制造商对零售商的回收价 γ 对零售商的最优进货量、最优定价和最优折扣产生的影响,我们将对 γ 在区间(64,69)内并以1递增进行数值计算。

运用 Mathematica 8.0 将表4.7的结果代入式(4.47)进行求解,可得零售商的最优折扣。

数值计算表明,在未售出回收模式下,满足约束条件 $70<p\leqslant100$ 的最优解只有一个,由此,我们计算了这个最优解(计算结果见表4.10)。由表4.10可知,在这种经销模式下,最优定价、最优进货量和最优折扣均大于0,由此验证了模型的有效性。此外,我们发现,回收价 γ 越大,最优定价 p 与最优进货量 q 成正比。由商品经营规律可知,如果需求量增加的幅度大于价格下降的幅度,那么总收益将增加。因此,随着 γ 值增加,定价呈下降趋势,此时进货量增加,相应的零售商总收入增加,从而获得的期望利润也增加。

表 4.10　未售出回收模式下的最优定价、最优进货量和最优折扣

γ	p	q	d
64	89.05	15.37	0.83
65	89.02	16.05	0.82
66	88.99	16.8	0.82
67	88.96	17.63	0.81
68	88.93	18.54	0.81
69	88.39	19.56	0.8

数据来源：数值计算结果。

我们利用 Mathematica 8.0 的制图功能将表 4.10 推广到图 4.10。上文中，图 4.7 的横轴表示定价 p，纵轴表示进货量 q。图 4.10 的横轴表示折扣 d，纵轴表示进货量 q。综合图 4.7 和图 4.10 可以发现，在未售出回收模式下，最优定价与最优进货量呈抛物线关系(图 4.7)，零售商对个人客户销售的产品定价越低，进货量越高，抛物线呈向上趋势的最高点即为零售商的最优定价。因此，由 Pukelsheim[206] 的三西格玛准则可知，零售商对个人客户销售的产品定价在区间 (79,80) 内，零售商的利润可以达到现实状态下的最大化。与此同时，如图 4.10 所示，零售商对集团客户的折扣在区间 (0,0.8) 内，进货量 q 的数值是负数，这表明零售商对该产品的销售是亏本的。此时，由利润最优原则可知，零售商对集团客户的折扣应该在区间 (0.8,1) 内，折扣值越接近 1，所获得的利润越大。

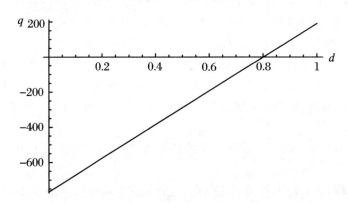

图 4.10　未售出回收模式下的零售商最优折扣随最优进货量变化趋势图
数据来源：数值计算结果。

第5章 基于非本质需求模式的产品最优供应策略

本章将对非本质需求模式下的制造商和零售商产品供应策略进行数学建模，主要分为两个部分：第一部分，从制造商的视角构建对个人客户和集团客户制定产品供应策略的数学模型，并运用数值算例进行模型验证。第二部分，从零售商的视角构建对个人客户和集团客户制定产品供应策略的数学模型，并运用数值算例进行模型验证。

5.1 制造商对个人客户制定产品供应策略模型

本节将从直接折扣模式、未售出处理模式两个方面对非本质需求模式下的制造商对个人客户制定产品供应策略进行数学建模，并求解制造商获取最大利润时的最优生产量、最优定价及最优让利。

5.1.1 直接折扣模式下的制造商—个人客户产品供应策略模型

由于在直接折扣模式和售出返利模式两种供应模式中，制造商对个人客户进行直销，直接折扣和售出返利属于同等意思。因此，本节仅考虑直接折扣模式下制造商对个人客户制定的产品供应策略。设制造商生产单位产品的边际成本为 c，生产 q 单位产品的总成本为 cq，制造商直销给个人客户的零售价为 p，需求量为 $D_F(p,\varepsilon)$。当对个人客户直销供货时，为了促进销售，每个产品再优惠 α。当制造商的生产量大于需求量时，收入为 $(p-\alpha)D_F(p,\varepsilon)$；当制造商的生产量小于需求量时，则可将产品全部售出，收入为 $(p-\alpha)q$，由此可得制造商的利润为

$$\Pi_{\mathrm{MF}} = \begin{cases} -cq + (p-\alpha)q, & D_F(p,\varepsilon) \geqslant q \\ -cq + (p-\alpha)D_F(p,\varepsilon), & D_F(p,\varepsilon) < q \end{cases} \quad (5.1)$$

其中，Π_{MF} 表示非本质需求模式下制造商的利润。

利用概率论中的数学期望公式,并将式(3.21)和式(3.23)代入,可得

$$\Pi_{MF} = -q + (p-\alpha)\int_0^q D_F(\varepsilon)f(\varepsilon)\mathrm{d}\varepsilon + (p-\alpha)\int_q^{2(a-bp)} qf(\varepsilon)\mathrm{d}\varepsilon$$

$$= -cq + (p-\alpha)\int_0^q \frac{3}{2}\cdot\left[\frac{p-vp_m}{p_m(u-v)} - d_0\right]\varepsilon\cdot\frac{1}{2(a-bp)}\mathrm{d}\varepsilon$$

$$+ (p-\alpha)\int_q^{2(a-bp)} q\frac{1}{2(a-bp)}\mathrm{d}\varepsilon$$

$$= (-c+p-\alpha)q + \frac{3q^2(p-\alpha)}{8(a-bp)}\left[\frac{p-vp_m}{p_m(u-v)} - d_0\right] - \frac{(p-\alpha)q^2}{2(a-bp)}$$

(5.2)

要想得到在这种供应模式下,制造商获取最大利润时的最优生产量、最优定价及最优让利,只需运用最优化方法对上式进行相关函数的求导,令其导数为 0 即可。具体如下:

求制造商的最优生产量 q,则

$$\frac{\partial \Pi_{MF}}{\partial q} = (-c+p-\alpha) + \frac{3q(p-\alpha)}{4(a-bp)}\left[\frac{p-vp_m}{p_m(u-v)} - d_0\right] - \frac{(p-\alpha)q}{a-bp} = 0$$

(5.3)

解式(5.3)得到的 q 值即为制造商的最优生产量。

又由

$$\frac{\partial \Pi_{MF}}{\partial p} = q + \frac{3q^2}{8(a-bp)}\left[\frac{2p-vp_m-\alpha}{p_m(u-v)} - d_0\right] - \frac{q^2}{2(a-bp)}$$

$$+ \frac{3bq^2(p-\alpha)}{8(a-bp)^2}\left[\frac{p-vp_m}{p_m(u-v)} - d_0\right] - \frac{b(p-\alpha)q^2}{2(a-bp)^2} = 0 \quad (5.4)$$

解式(5.4)得到的 p 值即为制造商的最优定价。

又由

$$\frac{\partial \Pi_{MF}}{\partial \alpha} = -q - \frac{3q^2}{8(a-bp)}\left[\frac{p-vp_m}{p_m(u-v)} - d_0\right] + \frac{q^2}{2(a-bp)} = 0 \quad (5.5)$$

解式(5.5)得到的 α 值即为制造商的最优让利。

5.1.2 未售出处理模式下的制造商—个人客户产品供应策略模型

在这种供应模式下,对于制造商未能销售出去的产品进行打折处理。设制造商生产单位产品的边际成本为 c,生产量为 q,此时制造商的总成本为 cq,制造商直销给个人客户的零售价为 p,需求量为 $D_F(p,\varepsilon)$。当制造商的生产量大于需求量时,收入为 $pD_F(p,\varepsilon)$,对于剩下的数量为 $q-D_F(p,\varepsilon)$ 的产品还要进行处理,对于这部分产品,制造商给予打折处理,价格为每单位 γ,则收入为 $pD_F(p,\varepsilon)+\gamma[q-D_F(p,\varepsilon)]$;当制造商的生产量小于需求量时,则可将产品全部售出,收入为

pq,由此可得制造商的利润为

$$\varPi_{\mathrm{MF}} = \begin{cases} -cq + pq, & D_{\mathrm{F}}(p,\varepsilon) \geqslant q \\ -cq + pD_{\mathrm{F}}(p,\varepsilon) + \gamma[q - D_{\mathrm{F}}(p,\varepsilon)], & D_{\mathrm{F}}(p,\varepsilon) < q \end{cases} \quad (5.6)$$

利用概率论中的数学期望公式,并将式(3.21)和式(3.23)代入,可得

$$\begin{aligned}\varPi_{\mathrm{MF}} =& -cq + p\int_0^q D_{\mathrm{F}}(\varepsilon)f(\varepsilon)\mathrm{d}\varepsilon + p\int_q^{2(a-bp)} qf(\varepsilon)\mathrm{d}\varepsilon \\ & + \gamma\int_0^q [q - D_{\mathrm{F}}(\varepsilon)]f(\varepsilon)\mathrm{d}\varepsilon \\ =& -cq + (p-\gamma)\int_0^q \frac{3}{2}\cdot\left[\frac{p-vp_{\mathrm{m}}}{p_{\mathrm{m}}(u-v)} - d_0\right]\varepsilon\cdot\frac{1}{2(a-bp)}\cdot\mathrm{d}\varepsilon \\ & + p\int_q^{2(a-bp)} q\cdot\frac{1}{2(a-bp)}\mathrm{d}\varepsilon + \gamma\int_0^q q\cdot\frac{1}{2(a-bp)}\mathrm{d}\varepsilon \\ =& (-c+p)q + \frac{3q^2(p-\gamma)}{8(a-bp)}\left[\frac{p-vp_{\mathrm{m}}}{p_{\mathrm{m}}(u-v)} - d_0\right] - \frac{(p-\gamma)q^2}{2(a-bp)} \quad (5.7)\end{aligned}$$

要想得到在这种供应模式下,制造商获取最大利润时的最优生产量及最优定价,只需运用最优化方法对上式进行相关函数的求导,令其导数为 0 即可。具体如下:

求制造商的最优生产量 q,则

$$\frac{\partial \varPi_{\mathrm{MF}}}{\partial q} = (-c+p) + \frac{3q(p-\gamma)}{4(a-bp)}\left[\frac{p-vp_{\mathrm{m}}}{p_{\mathrm{m}}(u-v)} - d_0\right] - \frac{q(p-\gamma)}{a-bp} = 0 \quad (5.8)$$

解式(5.8)得到的 q 值即为制造商的最优生产量。

又由

$$\begin{aligned}\frac{\partial \varPi_{\mathrm{MF}}}{\partial p} =& q + \frac{3q^2}{8(a-bp)}\left[\frac{2p-vp_{\mathrm{m}}-\gamma}{p_{\mathrm{m}}(u-v)} - d_0\right] + \frac{3bq^2(p-\gamma)}{8(a-bp)^2}\left[\frac{p-vp_{\mathrm{m}}}{p_{\mathrm{m}}(u-v)} - d_0\right] \\ & - \frac{q^2}{2(a-bp)} - \frac{bq^2(p-\gamma)}{2(a-bp)^2} = 0 \quad (5.9)\end{aligned}$$

解式(5.9)得到的 p 值即为制造商的最优定价。

5.2 制造商对集团客户制定产品供应策略模型

由于集团客户与个人客户的主要区别在于集团客户的采购量较大,需求量也较大,且需求较为稳定,制造商想要长期和集团客户进行合作的一个重要前提是必须要有针对性的优惠措施,如批量折扣等。因此,在这种供应模式下,假设制造商生产单位产品的边际成本为 c,生产量为 q,制造商直销给集团客户的零售价为 p,且打 d 折,由此可知集团客户的采购价为 dp。

本节将从直接折扣模式、未售出处理模式两个方面对非本质需求模式下的制造商对集团客户制定产品供应策略进行数学建模,并求解制造商获取最大利润时的最优生产量、最优定价、最优折扣及最优让利。

5.2.1 直接折扣模式下的制造商—集团客户产品供应策略模型

由于在直接折扣模式和售出返利模式两种供应模式中,制造商对集团客户进行直销,直接折扣和售出返利属于同等意思。因此,本节仅考虑直接折扣模式下制造商对集团客户制定的产品供应策略。设制造商生产单位产品的边际成本为 c,生产 q 单位产品的总成本为 cq,制造商直销给集团客户的零售价为 p,需求量为 $D_F(p,\varepsilon)$。当对集团客户直销供货时,为了促进长期合作,在打 d 折的情况下每个产品再优惠 α。当制造商的生产量大于需求量时,收入为 $(dp-\alpha)D_F(p,\varepsilon)$;当制造商的生产量小于需求量时,则可将产品全部售出,收入为 $(dp-\alpha)q$,由此可得制造商的利润为

$$\Pi_{MF} = \begin{cases} -cq + (dp-\alpha)q, & D_F(p,\varepsilon) \geqslant q \\ -cq + (dp-\alpha)D_F(p,\varepsilon), & D_F(p,\varepsilon) < q \end{cases} \quad (5.10)$$

利用概率论中的数学期望公式,并将式(3.21)和式(3.23)代入,可得

$$\begin{aligned}
\Pi_{MF} &= -cq + (dp-\alpha)\int_0^q D_F(\varepsilon)f(\varepsilon)d\varepsilon + (dp-\alpha)\int_0^q qf(\varepsilon)d\varepsilon \\
&= -cq + (dp-\alpha)\int_0^q \frac{3}{2}\cdot\left[\frac{p_m u - p}{p_m(u-v)} - d_0\right]\varepsilon\cdot\frac{1}{2(a-bp)}d\varepsilon \\
&\quad + (dp-\alpha)\int_0^q \frac{q}{2(a-bp)}d\varepsilon \\
&= (-c + dp - \alpha)q + \frac{3q^2(dp-\alpha)}{8(a-bp)}\left[\frac{p - vp_m}{p_m(u-v)} - d_0\right] - \frac{(dp-\alpha)q^2}{2(a-bp)}
\end{aligned}$$
(5.11)

要想得到在这种供应模式下,制造商获取最大利润时的最优生产量、最优定价、最优折扣及最优让利,只需运用最优化方法对上式进行相关函数的求导,令其导数为 0 即可。具体如下:

求制造商的最优生产量 q,则

$$\frac{\partial \Pi_{MF}}{\partial q} = (-c + dp - \alpha) + \frac{3q(dp-\alpha)}{4(a-bp)}\left[\frac{p - vp_m}{p_m(u-v)} - d_0\right] - \frac{(dp-\alpha)q}{a-bp} = 0 \quad (5.12)$$

解式(5.12)得到的 q 值即为制造商的最优生产量。

又由

$$\frac{\partial \Pi_{MF}}{\partial p} = dq + \frac{3q^2}{8(a-bp)}\left[\frac{2dp - dvp_m - \alpha}{p_m(u-v)} - dd_0\right]$$

$$+ \frac{3bq^2(dp-\alpha)}{8(a-bp)^2}\left[\frac{p-vp_\mathrm{m}}{p_\mathrm{m}(u-v)}-d_0\right] - \frac{dq^2}{2(a-bp)}$$

$$-\frac{b(dp-\alpha)q^2}{2(a-bp)^2} = 0 \tag{5.13}$$

解式(5.13)得到的 p 值即为制造商的最优定价。

又由

$$\frac{\partial \Pi_\mathrm{MF}}{\partial d} = pq + \frac{3pq^2}{8(a-bp)}\left[\frac{p-vp_\mathrm{m}}{p_\mathrm{m}(u-v)}-d_0\right] - \frac{pq^2}{2(a-bp)} = 0 \tag{5.14}$$

解式(5.14)得到的 d 值即为制造商的最优折扣。

又由

$$\frac{\partial \Pi_\mathrm{MF}}{\partial \alpha} = -q - \frac{3q^2}{8(a-bp)}\left[\frac{p-vp_\mathrm{m}}{p_\mathrm{m}(u-v)}-d_0\right] + \frac{q^2}{2(a-bp)} = 0 \tag{5.15}$$

解式(5.15)得到的 α 值即为制造商的最优让利。

5.2.2 未售出处理模式下的制造商—集团客户产品供应策略模型

在这种供应模式下,对制造商未能销售出去的产品进行打折处理。设制造商生产单位产品的边际成本为 c,生产 q 单位产品的总成本为 cq,制造商直销给集团客户的零售价为 p,折扣为 d,需求量为 $D_\mathrm{F}(p,\varepsilon)$。当制造商的生产量大于需求量时,收入为 $dpD_\mathrm{F}(p,\varepsilon)$,对于剩下的数量为 $q-D_\mathrm{F}(p,\varepsilon)$ 的产品还要进行处理,对于这部分产品,制造商给予打折处理,价格为每单位 γ,则收入为 $dpD_\mathrm{F}(p,\varepsilon)+\gamma[q-D_\mathrm{F}(p,\varepsilon)]$;当制造商的生产量小于需求量时,则可将产品全部售出,收入为 dpq,由此可得制造商的利润为

$$\Pi_\mathrm{MF} = \begin{cases} -cq + dpq, & D_\mathrm{F}(p,\varepsilon) \geqslant q \\ -cq + dpD_\mathrm{F}(p,\varepsilon) + \gamma[q-D_\mathrm{F}(p,\varepsilon)], & D_\mathrm{F}(p,\varepsilon) < q \end{cases} \tag{5.16}$$

利用概率论中的数学期望公式,并将式(3.21)和式(3.23)代入,可得

$$\Pi_\mathrm{MF} = -cq + dp\int_0^q D_\mathrm{F}(\varepsilon)f(\varepsilon)\mathrm{d}\varepsilon + dp\int_q^{2(a-bp)} qf(\varepsilon)\mathrm{d}\varepsilon$$

$$+ \gamma\int_0^q [q-D_\mathrm{F}(\varepsilon)]f(\varepsilon)\mathrm{d}\varepsilon$$

$$= -cq + (dp-\gamma)\int_0^q \frac{3}{2}\cdot\left[\frac{p-vp_\mathrm{m}}{p_\mathrm{m}(u-v)}-d_0\right]\varepsilon\cdot\frac{1}{2(a-bp)}\cdot\mathrm{d}\varepsilon$$

$$+ dp\int_q^{2(a-bp)} q\cdot\frac{1}{2(a-bp)}\mathrm{d}\varepsilon + \gamma\int_0^q q\cdot\frac{1}{2(a-bp)}\mathrm{d}\varepsilon$$

$$= (-c+dp)q + \frac{3q^2(dp-\gamma)}{8(a-bp)}\left[\frac{p-vp_\mathrm{m}}{p_\mathrm{m}(u-v)}-d_0\right] - \frac{(dp-\gamma)q^2}{2(a-bp)}$$

$$\tag{5.17}$$

要想得到在这种供应模式下,制造商获取最大利润时的最优生产量、最优定价及最优折扣,只需运用最优化方法对上式进行相关函数的求导,令其导数为 0 即可。具体如下:

求制造商的最优生产量 q,则

$$\frac{\partial \Pi_{MF}}{\partial q} = (-c + dp) + \frac{3q(dp - \gamma)}{4(a - bp)} \left[\frac{p - vp_m}{p_m(u - v)} - d_0\right] - \frac{q(dp - \gamma)}{a - bp} = 0 \tag{5.18}$$

解式(5.18)得到的 q 值即为制造商的最优生产量。

又由

$$\frac{\partial \Pi_{MF}}{\partial p} = dq + \frac{3q^2}{8(a - bp)} \left[\frac{2dp - dvp_m - \gamma}{p_m(u - v)} - dd_0\right]$$

$$+ \frac{3bq^2(dp - \gamma)}{8(a - bp)^2} \left[\frac{p - vp_m}{p_m(u - v)} - d_0\right]$$

$$- \frac{dq^2}{2(a - bp)} - \frac{bq^2(dp - \gamma)}{2(a - bp)^2} = 0 \tag{5.19}$$

解式(5.19)得到的 p 值即为制造商的最优定价。

又由

$$\frac{\partial \Pi_{MF}}{\partial d} = pq + \frac{3pq^2}{8(a - bp)} \left[\frac{p - vp_m}{p_m(u - v)} - d_0\right] - \frac{pq^2}{2(a - bp)} = 0 \tag{5.20}$$

解式(5.20)得到的 d 值即为制造商的最优折扣。

5.3 零售商对个人客户制定产品供应策略模型

本节将从直接折扣模式、售出返利模式和未售出回收模式三个方面对非本质需求模式下的零售商对个人客户制定产品供应策略进行数学建模,并求解零售商获取最大利润时的最优进货量、最优定价。

5.3.1 直接折扣模式下的零售商—个人客户产品供应策略模型

在这种供应模式下,传统的促销手段是制造商在给零售商供货时,每个产品在批发价 w_0 的基础上再优惠 α,并且直接从进货款项中扣除,因此零售商实际所得产品的批发价为 $w_0 - \alpha$,而零售商给个人客户的零售价为 p。此时,若零售商的进货量 $q \leqslant D_F$(此处,D_F 为需求量),则是供不应求的情况,所得的货均可卖出,那么零售商的收入为 pq;若零售商的进货量 $q > D_F$,则是供大于求的情况,此时零售商销售产品的收入为 pD_F,由此可得零售商的利润为

$$\Pi_{RF} = \begin{cases} -q(w_0 - \alpha) + pq, & q \leqslant D_F \\ -q(w_0 - \alpha) + pD_F, & q > D_F \end{cases} \tag{5.21}$$

其中,Π_{RF}表示非本质需求模式下零售商的利润。

利用概率论中的数学期望公式,并将式(3.21)和式(3.23)代入,可得

$$\Pi_{RF} = \int_{-\infty}^{q} [-q(w_0 - \alpha) + pD_F] f(\varepsilon) d\varepsilon + \int_{q}^{+\infty} [-q(w_0 - \alpha) + pq] f(\varepsilon) d\varepsilon$$

$$= -q(w_0 - \alpha) + \int_{0}^{q} p \frac{3}{2} \left[\frac{p - v p_m}{p_m(u - a)} - d_0 \right] \varepsilon f(\varepsilon) d\varepsilon + \int_{q}^{2(a-bp)} qp f(\varepsilon) d\varepsilon$$

$$= -q(w_0 - \alpha) + \frac{3}{2} p \cdot \left[\frac{p - v p_m}{p_m(u - v)} - d_0 \right] \int_{0}^{q} \varepsilon \cdot \frac{1}{2(a - bp)} d\varepsilon$$

$$+ pq \int_{q}^{2(a-bp)} \frac{1}{2(a - bp)} d\varepsilon$$

$$= (-w_0 + \alpha + p)q + \frac{3pq^2}{8(a - bp)} \left[\frac{p - v p_m}{p_m(u - v)} - d_0 \right] - \frac{pq^2}{2(a - bp)} \tag{5.22}$$

要想得到在这种供应模式下,零售商获取最大利润时的最优进货量及最优定价,只需运用最优化方法对上式进行相关函数的求导,令其导数为0即可。具体如下:

求零售商的最优进货量 q,则

$$\frac{\partial \Pi_{RF}}{\partial q} = -w_0 + \alpha + p + \frac{3pq}{4} \left[\frac{p - v p_m}{p_m(u - v)} - d_0 \right] - \frac{pq}{(a - bp)} = 0 \tag{5.23}$$

解式(5.23)得到的 q 值即为零售商的最优进货量。

又由

$$\frac{\partial \Pi_{RF}}{\partial p} = q + \frac{3q^2}{8(a - bp)} \left[\frac{2p - v p_m}{p_m(u - v)} - d_0 \right] + \frac{3bq^2 p}{8(a - bp)^2} \left[\frac{p - v p_m}{p_m(u - v)} - d_0 \right]$$

$$- \frac{q^2}{2(a - bp)} - \frac{bpq^2}{2(a - bp)^2} = 0 \tag{5.24}$$

解式(5.24)得到的 p 值即为零售商的最优定价。

5.3.2 售出返利模式下的零售商—个人客户产品供应策略模型

在这种供应模式下,制造商对零售商的让利并不是在进货时直接扣除的,而是在零售商将产品卖出去之后再进行返利的。设制造商在给定的批发价 w_0 的基础上对零售商每销售一个单位产品返利 β,而零售商的进货量为 q。若进货量大于需求量,即供大于求,则收入为 $(p + \beta)D_F$,其中 p 为零售商的零售价;若进货量小于需求量,即供不应求,则收入为 $(p + \beta)q$。在这种模式下,零售商可得利润为

$$\Pi_{RF} = \begin{cases} -w_0 q + (p + \beta) q, & q \leqslant D_F \\ -w_0 q + (p + \beta) D_F, & q > D_F \end{cases} \tag{5.25}$$

利用概率论中的数学期望公式,并将式(3.21)和式(3.23)代入,可得

$$\Pi_{RF} = \int_{q}^{+\infty} [-w_0 q + (p+\beta)q] f(\varepsilon) d\varepsilon + \int_{-\infty}^{q} [-w_0 q + (p+\beta) D_F] f(\varepsilon) d\varepsilon$$

$$= -w_0 q + (p+\beta) q \int_{q}^{2(a-bp)} f(\varepsilon) d\varepsilon + (p+\beta) \int_{0}^{q} D_F f(\varepsilon) d\varepsilon$$

$$= -w_0 q + (p+\beta) \int_{0}^{q} \frac{3}{2} \left[\frac{p - v p_m}{p_m (u-v)} - d_0 \right] \varepsilon \cdot \frac{1}{2(a-bp)} d\varepsilon$$

$$\quad + (p+\beta) q \int_{q}^{2(a-bp)} \frac{1}{2(a-bp)} d\varepsilon$$

$$= -w_0 q + (p+\beta) \cdot \frac{3}{2} \left[\frac{p - v p_m}{p_m (u-v)} - d_0 \right] \cdot \frac{q^2}{4(a-bp)} + (p+\beta) q$$

$$\quad - \frac{(p+\beta) q^2}{2(a-bp)}$$

$$= (-w_0 + p + \beta) q + \frac{3(p+\beta) q^2}{8(a-bp)} \left[\frac{p - v p_m}{p_m (u-v)} - d_0 \right] - \frac{(p+\beta) q^2}{2(a-bp)}$$

(5.26)

要想得到在这种供应模式下，零售商获取最大利润时的最优进货量及最优定价，只需运用最优化方法对对上式进行相关函数的求导，令其导数为 0 即可。具体如下：

求零售商的最优进货量 q，则

$$\frac{\partial \Pi_{RF}}{\partial q} = -w_0 + p + \beta + \frac{3(p+\beta) q}{4(a-bp)} \left[\frac{p - v p_m}{p_m (u-v)} - d_0 \right] - \frac{(p+\beta) q}{a-bp} = 0$$

(5.27)

解式(5.27)得到的 q 值即为零售商的最优进货量。

又由

$$\frac{\partial \Pi_{RF}}{\partial p} = q + \frac{3 q^2}{8(a-bp)} \left[\frac{2p - v p_m + \beta}{p_m (u-v)} - d_0 \right] + \frac{3b(p+\beta) q^2}{8(a-bp)^2} \left[\frac{p - v p_m}{p_m (u-v)} - d_0 \right]$$

$$\quad - \frac{q^2}{2(a-bp)} - \frac{(p+\beta) b q^2}{2(a-bp)^2} = 0$$

(5.28)

解式(5.28)得到的 p 值即为零售商的最优定价。

5.3.3 未售出回收模式下的零售商—个人客户产品供应策略模型

在这种供应模式下，对于零售商未能销售出去的产品，制造商以折扣价进行回收。在这种情形下，零售商以单价 w_0 进货，进货量为 q。若需求量 D_F 大于进货量 q，则产品可以全部售出，设零售价为 p，零售商所得销售款为 pq。若需求量 D_F 小于进货量 q，则在卖出数量为 D_F 的产品后，还剩下数量为 $q - D_F$ 的产品未能售出，对于这部分产品，制造商给予的回收价为每单位 γ，则收入为 $pD_F + \gamma(q - D_F)$。由此可得零售商的利润为

$$\Pi_{\mathrm{RF}} = \begin{cases} -w_0 q + pq, & q \leqslant D_{\mathrm{F}} \\ -w_0 q + pD_{\mathrm{F}} + \gamma(q - D_{\mathrm{F}}), & q > D_{\mathrm{F}} \end{cases} \quad (5.29)$$

利用概率论中的数学期望公式,并将式(3.21)和式(3.23)代入,可得

$$\Pi_{\mathrm{RF}} = -w_0 q + \int_0^q \gamma(q - D_{\mathrm{F}}) f(\varepsilon)\mathrm{d}\varepsilon + \int_0^q pD_{\mathrm{F}} f(\varepsilon)\mathrm{d}\varepsilon + \int_q^{2(a-bp)} pq f(\varepsilon)\mathrm{d}\varepsilon$$

$$= -w_0 q + (p - \gamma)\int_0^q D_{\mathrm{F}}(\varepsilon) f(\varepsilon)\mathrm{d}\varepsilon + \gamma q \int_0^q f(\varepsilon)\mathrm{d}\varepsilon + pq \int_q^{2(a-bp)} f(\varepsilon)\mathrm{d}\varepsilon$$

$$= -w_0 q + (p - \gamma)\int_0^q \frac{3}{2}\left[\frac{p - vp_{\mathrm{m}}}{p_{\mathrm{m}}(u-v)} - d_0\right]\varepsilon \cdot \frac{1}{2(a-bp)}\mathrm{d}\varepsilon$$

$$\quad + \gamma q \int_0^q \frac{1}{2(a-bp)}\mathrm{d}\varepsilon + pq \int_q^{2(a-bp)} \frac{1}{2(a-bp)}\mathrm{d}\varepsilon$$

$$= (-w_0 + p)q + \frac{3(p-\gamma)q^2}{8(a-bp)}\left[\frac{p - vp_{\mathrm{m}}}{p_{\mathrm{m}}(u-v)} - d_0\right] - \frac{(p-\gamma)q^2}{2(a-bp)} \quad (5.30)$$

要想得到在这种供应模式下,零售商获取最大利润时的最优进货量及最优定价,只需运用最优化方法对对上式进行相关函数的求导,令其导数为0即可。具体如下:

求零售商的最优进货量 q,则

$$\frac{\partial \Pi_{\mathrm{RF}}}{\partial q} = -w_0 + p + \frac{3(p-\gamma)q}{4(a-bp)}\left[\frac{p - vp_{\mathrm{m}}}{p_{\mathrm{m}}(u-v)} - d_0\right] - \frac{(p-\gamma)q}{(a-bp)} = 0 \quad (5.31)$$

解式(5.31)得到的 q 值即为零售商的最优进货量。

又由

$$\frac{\partial \Pi_{\mathrm{RF}}}{\partial p} = q + \frac{3q^2}{8(a-bp)}\left[\frac{2p - vp_{\mathrm{m}} - \gamma}{p_{\mathrm{m}}(u-v)} - d_0\right] + \frac{3(p-\gamma)bq^2}{8(a-bp)^2}\left[\frac{p - vp_{\mathrm{m}}}{p_{\mathrm{m}}(u-v)} - d_0\right]$$

$$\quad - \frac{q^2}{2(a-bp)} - \frac{(p-\gamma)bq^2}{2(a-bp)^2} = 0 \quad (5.32)$$

解式(5.32)得到的 p 值即为零售商的最优定价。

5.4 零售商对集团客户制定产品供应策略模型

由于集团客户与个人客户的主要区别在于集团客户的采购量较大,需求量也较大,且需求较为稳定,零售商想要长期和集团客户进行合作的一个重要前提就是必须要有针对性的优惠措施,如批量折扣等。因此,在这种供应模式下,设零售价为 p,对集团客户打 d 折,则集团客户的采购价为 dp。

本节将从直接折扣模式、售出返利模式、未售出回收模式三个方面对非本质需求模式下的零售商对集团客户制定产品供应策略进行数学建模,并求解零售商获取最大利润时的最优进货量、最优定价及最优折扣。

5.4.1 直接折扣模式下的零售商—集团客户产品供应策略模型

在这种供应模式下,传统的促销手段是制造商在给零售商供货时,每个产品在批发价 w_0 的基础上再优惠 α,并且直接从进货款项中扣除,因此零售商实际所得产品的批发价为 $w_0 - \alpha$,而零售商给集团客户的零售价为 p,且打 d 折。此时,若零售商的进货量 $q \leqslant D_F$,则是供不应求的情况,所得的货均可卖出,那么零售商的收入为 dpq;若零售商的进货量 $q > D_F$,则是供大于求的情况,此时零售商销售产品的收入为 dpD_F,因此可得零售商的利润为

$$\Pi_{RF} = \begin{cases} -q(w_0 - \alpha) + dpq, & q \leqslant D_F \\ -q(w_0 - \alpha) + dpD_F, & q > D_F \end{cases} \tag{5.33}$$

利用概率论中的数学期望公式,并将式(3.21)和式(3.23)代入,可得

$$\Pi_{RF} = (-w_0 + \alpha)q + dp \int_0^q D_F(\varepsilon) f(\varepsilon) d\varepsilon + dp \int_q^{2(a-bp)} q f(\varepsilon) d\varepsilon$$

$$= (-w_0 + \alpha)q + dp \int_0^q \frac{3}{2} \cdot \left[\frac{p_m u - p}{p_m(u-v)} - d_0\right] \varepsilon \cdot \frac{1}{2(a-bp)} \cdot d\varepsilon$$

$$+ dp \int_q^{2(a-bp)} q \cdot \frac{1}{2(a-bp)} d\varepsilon$$

$$= (-w_0 + \alpha + dp)q + \frac{3dpq^2}{8(a-bp)} \left[\frac{p - vp_m}{p_m(u-v)} - d_0\right] - \frac{dpq^2}{2(a-bp)} \tag{5.34}$$

要想得到在这种供应模式下,零售商获取最大利润时的最优进货量、最优定价及最优折扣,只需运用最优化方法对上式进行相关函数的求导,令其导数为 0 即可。具体如下:

求零售商的最优进货量 q,则

$$\frac{\partial \Pi_{RF}}{\partial q} = (-w_0 + \alpha + dp) + \frac{3dpq}{4(a-bp)} \left[\frac{p - vp_m}{p_m(u-v)} - d_0\right] - \frac{dpq}{(a-bp)} = 0 \tag{5.35}$$

解式(5.35)得到的 q 值即为零售商的最优进货量。

又由

$$\frac{\partial \Pi_{RF}}{\partial p} = dq + \frac{3dq^2}{8(a-bp)} \left[\frac{2p - vp_m}{p_m(u-v)} - d_0\right] + \frac{3bdpq^2}{8(a-bp)^2} \left[\frac{p - vp_m}{p_m(u-v)} - d_0\right]$$

$$- \frac{dq^2}{2(a-bp)} - \frac{bdpq^2}{2(a-bp)^2} = 0 \tag{5.36}$$

解式(5.36)得到的 p 值即为零售商的最优定价。

又由

$$\frac{\partial \Pi_{RF}}{\partial d} = pq + \frac{3pq^2}{8(a-bp)} \left[\frac{p - vp_m}{p_m(u-v)} - d_0\right] - \frac{pq^2}{2(a-bp)} = 0 \tag{5.37}$$

解式(5.37)得到的 d 值即为零售商的最优折扣。

5.4.2 售出返利模式下的零售商—集团客户产品供应策略模型

在这种供应模式下,制造商对零售商的让利并不是在进货时直接扣除的,而是在零售商将产品卖出去之后再进行返利的。设制造商在给定的批发价 w_0 的基础上对零售商每销售一个单位产品返利 β,而零售商的进货量为 q。若进货量大于需求量,即供大于求,则收入为 $(dp+\beta)D_F$,其中 p 为零售商的零售价,dp 为给集团客户的折扣价;若进货量小于需求量,即供不应求,则收入为 $(dp+\beta)q$。在这种模式下,零售商可得利润为

$$\Pi_{RF} = \begin{cases} -w_0 q + (dp+\beta)q, & q \leqslant D_F \\ -w_0 q + (dp+\beta)D_F, & q > D_F \end{cases} \tag{5.38}$$

利用概率论中的数学期望公式,并将式(3.21)和式(3.23)代入,可得

$$\begin{aligned}\Pi_{RF} =& -w_0 q + (dp+\beta)\int_0^q D_F(\varepsilon)f(\varepsilon)d\varepsilon + (dp+\beta)\int_q^{2(a-bp)} f(\varepsilon)d\varepsilon \\
=& -w_0 q + (dp+\beta)\int_0^q \frac{3}{2} \cdot \left[\frac{p_m u - p}{p_m(u-v)} - d_0\right]\varepsilon \cdot \frac{1}{2(a-bp)} \cdot d\varepsilon \\
& + (dp+\beta)\int_q^{2(a-bp)} q \cdot \frac{1}{2(a-bp)}d\varepsilon \\
=& (-w_0 + dp + \beta)q + \frac{3q^2(dp+\beta)}{8(a-bp)}\left[\frac{p-vp_m}{p_m(u-v)} - d_0\right] - \frac{(dp+\beta)q^2}{2(a-bp)}\end{aligned}$$

$$\tag{5.39}$$

要想得到在这种供应模式下,零售商获取最大利润时的最优进货量、最优定价及最优折扣,只需运用最优化方法对上式进行相关函数的求导,令其导数为0即可。具体如下:

求零售商的最优进货量 q,则

$$\frac{\partial \Pi_{RF}}{\partial q} = (-w_0 + dp + \beta) + \frac{3q(dp+\beta)}{4(a-bp)}\left[\frac{p-vp_m}{p_m(u-v)} - d_0\right] - \frac{(dp+\beta)q}{a-bp} = 0 \tag{5.40}$$

解式(5.40)得到的 q 值即为零售商的最优进货量。

又由

$$\begin{aligned}\frac{\partial \Pi_{RF}}{\partial p} =& dq + \frac{3q^2}{8(a-bp)}\left[\frac{2dp - dvp_m + \beta}{p_m(u-v)} - d_0 d\right] \\
& + \frac{3bq^2(dp+\beta)}{8(a-bp)^2}\left[\frac{p-vp_m}{p_m(u-v)} - d_0\right] \\
& - \frac{dq^2}{2(a-bp)} - \frac{b(dp+\beta)q^2}{2(a-bp)^2} = 0\end{aligned} \tag{5.41}$$

解式(5.41)得到的 p 值即为零售商的最优定价。

又由

$$\frac{\partial \Pi_{\mathrm{RF}}}{\partial d} = pq + \frac{3pq^2}{8(a-bp)}\left[\frac{p-vp_{\mathrm{m}}}{p_{\mathrm{m}}(u-v)} - d_0\right] - \frac{pq^2}{2(a-bp)} = 0 \quad (5.42)$$

解式(5.42)得到的 d 值即为零售商的最优折扣。

5.4.3 未售出回收模式下的零售商—集团客户产品供应策略模型

在这种供应模式下,对于零售商未能销售出去的产品,制造商以折扣价进行回收。在这种情形下,零售商以单价 w_0 进货,进货量为 q。若需求量 D_{F} 大于进货量 q,则产品可以全部售出,设零售价为 p,对集团客户打 d 折,则零售商所得收入为 dpq;若需求量 D_{F} 小于进货量 q,则在卖出数量为 D_{F} 的产品后,还剩下数量为 $q - D_{\mathrm{F}}$ 的产品未能售出,对于这部分产品,制造商给予的回收价为每单位 γ,则收入为 $dpD_{\mathrm{F}} + \gamma(q - D_{\mathrm{F}})$。由此可得零售商的利润为

$$\Pi_R = \begin{cases} -w_0 q + dpq, & q \leqslant D_{\mathrm{F}} \\ -w_0 q + dpD_{\mathrm{F}} + \gamma(q - D_{\mathrm{F}}), & q > D_{\mathrm{F}} \end{cases} \quad (5.43)$$

利用概率论中的数学期望公式,并将式(3.21)和式(3.23)代入,可得

$$\begin{aligned}
\Pi_{\mathrm{RF}} &= -w_0 q + dp\int_0^q D_{\mathrm{F}}(\varepsilon)f(\varepsilon)\mathrm{d}\varepsilon + dp\int_q^{2(a-bp)} qf(\varepsilon)\mathrm{d}\varepsilon \\
&\quad + \gamma \int_0^q [q - D_{\mathrm{F}}(\varepsilon)]f(\varepsilon)\mathrm{d}\varepsilon \\
&= (-w_0 + dp)q + (dp - \gamma)\int_0^q \frac{3}{2}\cdot\left[\frac{p-vp_{\mathrm{m}}}{p_{\mathrm{m}}(u-v)} - d_0\right]\varepsilon \cdot \frac{1}{2(a-bp)} \\
&\quad \cdot \mathrm{d}\varepsilon - dpq^2 \cdot \frac{1}{2(a-bp)} + \gamma \int_0^q \frac{q}{2(a-bp)}\mathrm{d}\varepsilon \\
&= (-w_o + dp)q + \frac{3q^2(dp-\gamma)}{8(a-bp)}\left[\frac{p-vp_{\mathrm{m}}}{p_{\mathrm{m}}(u-v)} - d_0\right] - \frac{(dp-\gamma)q^2}{2(a-bp)}
\end{aligned}$$

$$(5.44)$$

要想得到在这种供应模式下,零售商获取最大利润时的最优进货量、最优定价及最优折扣,只需运用最优化方法对上式进行相关函数的求导,令其导数为 0 即可。具体如下:

求零售商的最优进货量 q,则

$$\frac{\partial \Pi_{\mathrm{RF}}}{\partial q} = (-w_0 + dp) + \frac{3q(dp-\gamma)}{4(a-bp)}\left[\frac{p-vp_{\mathrm{m}}}{p_{\mathrm{m}}(u-v)} - d_0\right] - \frac{q(\gamma-dp)}{a-bp} = 0$$

$$(5.45)$$

解式(5.45)得到的 q 值即为零售商的最优进货量。

又由

$$\frac{\partial \Pi_{\mathrm{RF}}}{\partial p} = dq + \frac{3q^2}{8(a-bp)}\left[\frac{2dp - dvp_{\mathrm{m}} - \gamma}{p_{\mathrm{m}}(u-v)} - dd_0\right] - \frac{dq^2}{2(a-bp)}$$

$$+ \frac{3bq^2(dp-\gamma)}{8(a-bp)^2}\left[\frac{p-vp_{\mathrm{m}}}{p_{\mathrm{m}}(u-v)} - d_0\right] - \frac{bq^2(dp-\gamma)}{2(a-bp)^2} = 0 \quad (5.46)$$

解式(5.45)得到的 p 值即为零售商的最优定价。

又由

$$\frac{\partial \Pi_{\mathrm{RF}}}{\partial d} = pq + \frac{3pq^2}{8(a-bp)}\left[\frac{p-vp_{\mathrm{m}}}{p_{\mathrm{m}}(u-v)} - d_0\right] - \frac{pq^2}{2(a-bp)} = 0 \quad (5.47)$$

解式(5.47)得到的 d 值即为零售商的最优折扣。

5.5 算 例 分 析

由于在不同需求模式下制造商和零售商对个人客户和集团客户制定产品供应策略实现利润最优的模型中变量关系非常复杂,最优生产量(进货量)、最优定价和最优折扣均没有显式解。因此,为了检验模型是否能真实地反映不同需求模式下的产品供应策略及模型是否能正确地刻画事件内在变量之间的相互关系和服从的客观规律。我们将对各个子模型通过数值算例的方式验证其最优解的情况。

由于制造商和零售商在对集团客户制定产品供应策略时是在对个人客户制定产品供应策略的基础上再增加一个决策变量 d,即制造商和零售商对集团客户的最优定价是在个人客户的最优定价的基础上再打 d 折。由此,本节的重点是检验基于非本质需求模式的制造商和零售商对个人客户和集团客户制定产品供应策略模型的有效性。

5.5.1 制造商—个人客户产品供应策略

由于制造商和零售商在销售模式上不同,如制造商对个人客户属于直接销售,所以中间环节的成本为 0。零售商则需要先从制造商那里批发产品,然后经过运输等环节,甚至还有可能需要经过二次经销商环节,因此存在较大的中间成本,这导致制造商和零售商在价格策略上存在较大的差异。

假设某制造商计划生产和销售一款普通产品,设这款产品的单位生产成本为 50,如果生产量大还能进一步降低成本,又设市场上该产品当前的最高零售价为 100,此时制造商向个人客户直销的产品零售价需要满足 $50 < p \leqslant 100$ 才能实现盈利。我们要解决的问题是制造商如何制定最优生产量和最优定价。

考虑到生产量对价格和收益的影响,在模型求解之前,我们首先对相关变量进行定义。式中,$0 \sim 2(a-bp)$ 是制造商生产量的范围,p 是制造商向个人客户直销的产品零售价,q 是制造商的生产量,α 是制造商给个人客户的再优惠,c 是制造商生产单位产品的边际成本，p_m 是制造商销售产品的最高价格，γ 是制造商打折处理的价格，u 是产品的实用效能，v 是产品的品位功能效能。由非本质需求的定义可知，传统的实用功能已经远远满足不了客户的需求，意识形态已经成为影响消费者购买行为的主流因素，所以非本质需求更加注重产品的品位功能，因此，为了准确理解非本质需求对产品供应链的影响因素，我们降低了产品的实用效能参数。设基本参数如下：$a=70, c=50, d_0=0.2, b=0.5, p_m=100, u=0.5, v=0.4$。

由于直接折扣模式和售出返利模式中的直接折扣和售出返利属于同等意思，由此我们将分别对直接折扣模式和未售出回收模式这两种经销模式进行算例分析，验证相应的数学模型的有效性，并探析制造商获取最优利润时的最优生产量和最优定价。

5.5.1.1　直接折扣模式下的制造商—个人客户产品供应策略

假设制造商生产单位产品的边际成本为 c，生产 q 单位产品的总成本为 cq，制造商直销给个人客户的零售价为 p，需求量为 $D_F(p,\varepsilon)$。当对个人客户直销供货时，为了促进销售，每个产品再优惠 α。当制造商的生产量大于需求量时，收入为 $(p-\alpha)D_F(p,\varepsilon)$；当制造商的生产量小于需求量时，则可将产品全部售出，收入为 $(p-\alpha)q$。与此同时，为了了解制造商对个人客户再优惠 α 对最优生产量和最优定价产生的影响，我们将对 α 在区间 $(0.5,3)$ 内并以 0.5 递增进行数值计算。

运用 Mathematica 8.0 将设置的基本参数代入式(5.3)和式(5.4)进行求解，可得制造商的最优生产量和最优定价。

数值计算表明，在直接折扣模式下，满足约束条件 $50 < p \leqslant 100$ 的最优解有两个，由此，我们分别计算了这两个最优解（计算结果见表 5.1）。由表 5.1 可知，在这种经销模式下，最优定价与最优生产量均大于 0，由此验证了模型的有效性。此外，我们发现，当产品定价略高于生产成本时，优惠值 α 越大，最优定价 p 与最优生产量 q 成正比；当产品价格接近最高零售价时，优惠值 α 越大，最优定价 p 与最优生产量 q 成反比。由商品经营规律可知，如果需求量增加的幅度小于价格上升的幅度，那么总收益将增加。因此，随着 α 值增加，定价呈上升趋势，此时生产量增加，相应的制造商总收入增加，从而获得的期望利润也增加。

表 5.1　直接折扣模式下的最优定价和最优生产量

α	p_1	q_1	p_2	q_2
0.5	50.6	0.08	90.1	9.91
1	51.11	0.08	90.11	9.84
1.5	51.61	0.08	90.12	9.77
2	52.11	0.08	90.14	9.7
2.5	52.61	0.08	90.16	9.62
3	53.11	0.09	90.17	9.55

数据来源：数值计算结果。

我们利用 Mathematica 8.0 的制图功能将表 5.1 推广到图 5.1。如图 5.1 所示,横轴表示定价 p,纵轴表示生产量 q。在直接折扣模式下,最优定价与最优生产量呈倒向的抛物线关系,抛物线呈向上趋势的最高点即为制造商的最优定价。因此,由 Pukelsheim[206] 的三西格玛准则可知,制造商对个人客户销售的产品定价在区间 $(84,88)$ 内,制造商的利润可以达到现实状态下的最大化。但是,如果产品定价在区间 $(50,51)$ 内,生产量 q 的数值是负数,则不符合商品经营规律,由此可以推断此时制造商对该产品的销售是亏本的。

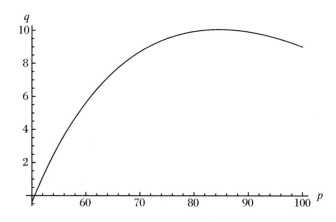

图 5.1　直接折扣模式下的制造商最优定价随最优生产量变化趋势图
数据来源:数值计算结果。

5.5.1.2　未售出处理模式下的制造商—个人客户产品供应策略

在这种供应模式下,对于制造商未能销售出去的产品进行打折处理。设制造商生产单位产品的边际成本为 c,生产量为 q,此时制造商的总成本为 cq,制造商直销给个人客户的零售价为 p,需求量为 $D_F(p,\varepsilon)$。当制造商的生产量大于需求量时,收入为 $pD_F(p,\varepsilon)$,对于剩下的数量为 $q-D_F(p,\varepsilon)$ 的产品还要进行处理,对于这部分产品,制造商给予打折处理,价格为每单位 γ,则收入为 $pD_F(p,\varepsilon)+\gamma[q-D_F(p,\varepsilon)]$;当制造商的生产量小于需求量时,则可将产品全部售出,收入为 pq。与此同时,为了了解制造商的打折处理价格 γ 对最优生产量和最优定价产生的影响,我们将对 γ 在区间 $(44,49)$ 内并以 1 递增进行数值计算。

运用 Mathematica 8.0 将设置的基本参数代入式 (5.8) 和式 (5.9) 进行求解,可得制造商的最优生产量和最优定价。

数值计算表明,在未售出处理模式下,满足约束条件 $50<p\leqslant100$ 的最优解只有一个,由此,我们计算了这个最优解(计算结果见表 5.2)。由表 5.2 可知,在这种经销模式下,最优定价与最优生产量均大于 0,由此验证了模型的有效性。此外,我们发现,打折处理价格 γ 越大,最优定价 p 与最优生产量 q 成正比。由商品经营规律可知,如果需求量增加的幅度小于价格上升的幅度,那么总收益将增加。因

此，随着 γ 值减小，定价呈上升趋势，此时生产量增加，相应的制造商总收入增加，从而获得的期望利润也增加。

表 5.2 未售出处理模式下的最优定价和最优生产量

γ	p	q
44	93.95	2.4
45	93.99	2.43
46	94.03	2.47
47	94.07	2.5
48	94.11	2.53
49	94.15	2.58

数据来源：数值计算结果。

我们利用 Mathematica 8.0 的制图功能将表 5.2 推广到图 5.2。如图 5.2 所示，横轴表示定价 p，纵轴表示生产量 q。在未售出处理模式下，最优定价与最优生产量值的关系呈倒向的抛物线关系，抛物线呈向上趋势的最高点即为制造商的最优定价。因此，由 Pukelsheim[206] 的三西格玛准则可知，制造商对个人客户销售的产品定价在区间 (60, 64) 内，制造商的利润可以达到现实状态下的最大化。此时，由最优化理论可知，制造商的利润达到最优。

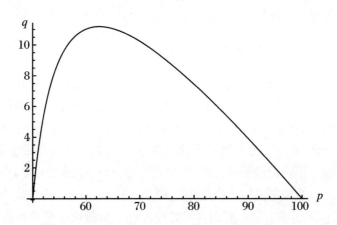

图 5.2 未售出处理模式下的制造商最优定价随最优生产量变化趋势图
数据来源：数值计算结果。

5.5.2 制造商—集团客户产品供应策略

5.5.2.1 直接折扣模式下的制造商—集团客户产品供应策略

假设制造商生产单位产品的边际成本为 c，生产 q 单位产品的总成本为 cq，制造商直销给集团客户的零售价为 p，需求量为 $D_F(p, \varepsilon)$。当对集团客户直销供货时,为了促进长期合作,在打 d 折的情况下每个产品再优惠 α。当制造商的生产量大于需求量时,收入为 $(dp-\alpha)D_F(p,\varepsilon)$;当制造商的生产量小于需求量时,则可将产品全部售出,收入为 $(dp-\alpha)q$。与此同时,为了了解制造商对集团客户再优惠 α 对最优生产量、最优定价和最优折扣产生的影响,我们将对 α 在区间 $(0.5,3)$ 内并以 0.5 递增进行数值计算。

运用 Mathematica 8.0 将表 5.1 的结果代入式(5.11)进行求解,可得制造商的最优折扣。

数值计算表明,在直接折扣模式下,满足约束条件 $50<p\leqslant 100$ 的最优解有两个,由此,我们计算了这两个最优解(计算结果见表 5.3)。由表 5.3 可知,在这种经销模式下,最优定价、最优生产量与最优折扣均大于 0,由此验证了模型的有效性。此外,我们发现,优惠值 α 越大,最优定价 p 与最优生产量 q 成正比。由商品经营规律可知,如果需求量增加的幅度大于价格下降的幅度,那么总收益将增加。因此,随着 α 值增加,折扣越高,定价呈下降趋势,此时生产量增加,相应的制造商总收入增加,从而获得的期望利润也增加。

表 5.3 直接折扣模式下的最优定价、最优生产量和最优折扣

α	p_1	q_1	d_1	p_2	q_2	d_2
0.5	50.6	0.08	0.99	90.1	9.91	0.37
1	51.11	0.08	0.99	90.11	9.84	0.38
1.5	51.61	0.08	0.99	90.12	9.77	0.38
2	52.11	0.08	0.99	90.14	9.7	0.39
2.5	52.61	0.08	0.99	90.16	9.62	0.4
3	53.11	0.09	0.99	90.17	9.55	0.4

数据来源:数值计算结果。

我们利用 Mathematica 8.0 的制图功能将表 5.3 推广到图 5.3。上文中,图 5.1 的横轴表示定价 p,纵轴表示生产量 q。图 5.3 的横轴表示折扣 d,纵轴表示生产量 q。综合图 5.1 和图 5.3 可以发现,在直接折扣模式下,最优定价与最优生产量呈倒向的抛物线关系(图 5.1),抛物线呈向上趋势的最高点即为制造商的最优定价。因此,由 Pukelsheim[206] 的三西格玛准则可知,制造商对个人客户销售的产品定价在区间 $(84,88)$ 内,制造商的利润可以达到现实状态下的最大化。与此同时,如图 5.3 所示,制造商对集团客户的折扣在区间 $(0,0.4)$ 内,生产量 q 的数值是负数,这表明制造商对该产品的销售是亏本的。此时,由利润最优原则可知,制造商对集团客户的折扣应该在区间 $(0.4,1)$ 内,折扣值越接近 1,所获得的利润越大。

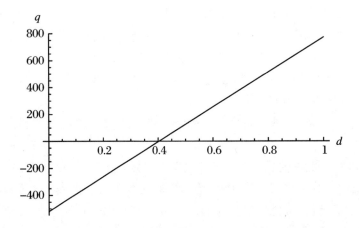

图 5.3　直接折扣模式下的制造商最优折扣随最优生产量变化趋势图
数据来源：数值计算结果。

5.5.2.2　未售出处理模式下的制造商—集团客户产品供应策略

在这种供应模式下，对于制造商未能销售出去的产品进行打折处理。设制造商生产单位产品的边际成本为 c，生产量为 q，此时制造商的总成本为 cq，制造商直销给集团客户的零售价为 p，折扣为 d，需求量为 $D_F(p,\varepsilon)$。当制造商的生产量大于需求量时，收入为 $dpD_F(p,\varepsilon)$，对于剩下的数量为 $q-D_F(p,\varepsilon)$ 的产品还要进行处理，对于这部分产品，制造商给予打折处理，价格为每单位 γ，则收入为 $dpD_F(p,\varepsilon)+\gamma[q-D_F(p,\varepsilon)]$；当制造商的生产量小于需求量时，则可将产品全部售出，收入为 dpq。与此同时，为了了解制造商的打折处理价格 γ 对最优生产量、最优定价和最优折扣产生的影响，我们将对 γ 在区间 $(44,49)$ 内并以 1 递增进行数值计算。

运用 Mathematica 8.0 将表 5.2 的结果代入式（5.17）进行求解，可得制造商的最优折扣。

数值计算表明，在未售出处理模式下，满足约束条件 $50<p\leqslant100$ 的最优解只有一个，由此，我们计算了这个最优解（计算结果见表 5.4）。由表 5.4 可知，在这种经销模式下，最优定价与最优生产量均大于 0，由此验证了模型的有效性。此外，我们发现，打折处理价格 γ 越大，最优定价 p 与最优生产量 q 成正比。由商品经营规律可知，如果需求量增加的幅度大于价格下降的幅度，那么总收益将增加。因此，随着 γ 值减小，折扣越高，定价呈下降趋势，此时生产量增加，相应的制造商总收入增加，从而获得的期望利润也增加。

表 5.4　未售出处理模式下的最优定价、最优生产量和最优折扣

γ	p	q	d
44	93.95	2.4	0.58
45	93.99	2.43	0.57

续表

γ	p	q	d
46	94.03	2.47	0.56
47	94.07	2.5	0.56
48	94.11	2.53	0.55
49	94.15	2.58	0.54

数据来源:数值计算结果。

我们利用 Mathematica 8.0 的制图功能将表 5.4 推广到图 5.4。上文中,图 5.2 的横轴表示定价 p,纵轴表示生产量 q。图 5.4 的横轴表示折扣 d,纵轴表示生产量 q。综合图 5.2 和图 5.4 可以发现,在未售出处理模式下,最优定价与最优生产量呈倒向的抛物线关系(图 5.2),抛物线呈向上趋势的最高点即为制造商的最优定价。因此,由 Pukelsheim[206] 的三西格玛准则可知,制造商对个人客户销售的产品定价在区间(60,64)内,制造商的利润可以达到现实状态下的最大化。与此同时,如图 5.4 所示,制造商对集团客户的折扣在区间(0,0.58)内,生产量 q 的数值是负数,这表明制造商对该产品的销售是亏本的。此时,由利润最优原则可知,制造商对集团客户的折扣应该在区间(0.58,1)内,折扣值越接近 1,所获得的利润越大。

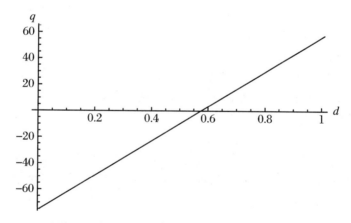

图 5.4 未售出处理模式下的制造商最优折扣随最优生产量变化趋势图
数据来源:数值计算结果。

5.5.3 零售商—个人客户产品供应策略

某零售商计划销售 J 公司生产的一款普通产品。假设 J 公司生产这款产品的单位生产成本为 70,且市场上该产品当前的最高零售价为 100,此时零售商向个人客户销售的产品零售价需要满足 $70 < p \leqslant 100$ 才能实现盈利。我们要解决的问题是零售商如何制定最优进货量和最优定价。

前文已经对制造商和零售商的销售模式进行了比较分析,分析结果表明,制造商和零售商在销售模式上存在着较大的差异,因此在参数设置上也有所不同。考虑到进货量对价格和收益的影响,在模型求解之前,我们首先对相关变量进行定义。式中,$0 \sim 2(a-bp)$ 是零售商进货量的范围,p 是零售商针对个人客户的产品零售价,q 是零售商的进货量,α 是制造商给零售商每单位产品的返利,w_0 是制造商的批发价,p_m 是零售商销售产品的最高价格,γ 是制造商向零售商回收产品的价格,u 是产品的实用效能,v 是产品的品位功能效能。设基本参数如下:$a=90$,$w_0=70$,$d_0=0.2$,$b=0.8$,$p_m=100$,$u=0.9$,$v=0.8$。

下面将分别对直接折扣模式、售出返利模式和未售出回收模式这三种经销模式进行算例分析,验证相应的数学模型的有效性,并探析零售商获取最优利润时的最优进货量和最优定价。

5.5.3.1 直接折扣模式下的零售商—个人客户产品供应策略

假设制造商为了鼓励销售,对零售商批发的每个产品在批发价 w_0 的基础上再优惠 α,并且直接从进货款项中扣除,因此零售商实际所得产品的批发价为 $w_0-\alpha$,而零售商给个人客户的零售价为 p。此时,若零售商的进货量 $q \leqslant D_F$(此时,D_F 为需求量),则是供不应求的情况,所得的货均可卖出,那么零售商的收入为 pq;若零售商的进货量 $q > D_F$,则是供大于求的情况,此时零售商销售产品的收入为 pD_F。与此同时,为了了解制造商对零售商再优惠 α 对零售商的最优进货量和最优定价产生的影响,我们将对 α 在区间 $(0.5,3)$ 内并以 0.5 递增进行数值计算。

运用 Mathematica 8.0 将设置的基本参数代入式(5.23)和式(5.24)进行求解,可得零售商的最优进货量和最优定价。

数值计算表明,在直接折扣销售模式下,满足约束条件 $70 < p \leqslant 100$ 的最优解只有一个,由此,我们计算了这个最优解(计算结果见表5.5)。由表5.5可知,在这种经销模式下,最优定价与最优进货量均大于0,由此验证了模型的有效性。此外,我们发现,优惠值 α 越大,最优定价 p 与最优进货量 q 成反比。由商品经营规律可知,如果需求量增加的幅度大于价格下降的幅度,那么总收益将增加。因此,随着 α 值减小,定价呈上升趋势,此时进货量增加,相应的零售商总收入增加,从而获得的期望利润也增加。

表5.5 直接折扣模式下的最优定价和最优进货量

α	p	q
0.5	80.65	12.74
1	80.66	12.73
1.5	80.67	12.73
2	80.67	12.72
2.5	80.68	12.72
3	80.69	12.71

数据来源:数值计算结果。

我们利用 Mathematica 8.0 的制图功能将表 5.5 推广到图 5.5。如图 5.5 所示,横轴表示定价 p,纵轴表示进货量 q。在直接折扣模式下,最优定价与最优进货量呈双曲线关系,曲线呈向上趋势的最高点即为零售商的最优定价。零售商对个人客户销售的产品定价较低,相应的进货量则较高。因此,由 Pukelsheim[206] 的三西格玛准则可知,零售商对个人客户销售的产品定价在区间 (82,84) 内,零售商的利润可以达到现实状态下的最大化。此时,由最优化理论可知,零售商的利润达到最优。但是,如图 5.5 所示,如果产品定价在区间 (70,78) 内,曲线呈向下趋势,且进货量 q 的数值是负数,则不符合商品经营规律,由此可以推断,此时零售商对该产品的销售是亏本的。

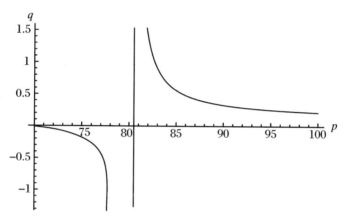

图 5.5　直接折扣模式下的零售商最优定价随最优进货量变化趋势图
数据来源:数值计算结果。

5.5.3.2　售出返利模式下的零售商—个人客户产品供应策略

设制造商在给定的批发价 w_0 的基础上对零售商每销售一个单位产品返利 β,而零售商的进货量为 q。若进货量大于需求量,即供大于求,则收入为 $(p+\beta)D_F$,其中 p 为零售商的零售价;若进货量小于需求量,即供不应求,则收入为 $(p+\beta)q$。与此同时,为了了解制造商对零售商再返利 β 对零售商的最优进货量和最优定价产生的影响,我们将对 β 在区间 (0.5,3) 内并以 0.5 递增进行数值计算。

运用 Mathematica 8.0 将设置的基本参数代入式 (5.27) 和式 (5.28) 进行求解,可得零售商的最优进货量和最优定价。

数值计算表明,在售出返利模式下,满足约束条件 $70<p\leqslant 100$ 的最优解只有一个,由此,我们计算了这个最优解(计算结果见表 5.6)。由表 5.6 可知,在这种经销模式下,最优定价与最优进货量均大于 0,由此验证了模型的有效性。此外,我们发现,返利值 β 越大,最优定价 p 与最优进货量 q 成正比。由商品经营规律可知,如果需求量增加的幅度大于价格下降的幅度,那么总收益将增加。因此,随着 β 值增加,定价呈下降趋势,此时进货量增加,相应的零售商总收入增加,从而获得的期望利润也增加。

表 5.6　售出返利模式下的最优定价和最优进货量

β	p	q
0.5	96.42	0.05
1	96.22	0.05
1.5	96.02	0.05
2	95.82	0.05
2.5	95.61	0.05
3	95.42	0.06

数据来源：数值计算结果。

我们利用 Mathematica 8.0 的制图功能将表 5.6 推广到图 5.6。如图 5.6 所示，横轴表示定价 p，纵轴表示进货量 q。在售出返利模式下，最优定价与最优进货量呈抛物线关系，零售商对个人客户销售的产品定价越低，进货量越高，抛物线呈向上趋势的最高点即为零售商的最优定价。因此，由 Pukelsheim[206]的三西格玛准则可知，零售商对个人客户销售的产品定价在区间(84,86)内，零售商的利润可以达到现实状态下的最大化。此时，由最优化理论可知，零售商的利润达到最优。

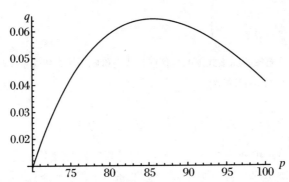

图 5.6　售出返利模式下的零售商最优定价随最优进货量变化趋势图
数据来源：数值计算结果。

5.5.3.3　未售出回收模式下的零售商—个人客户产品供应策略

假设对于零售商未能销售出去的产品，制造商以折扣价进行回收。在这种情形下，零售商以单价 w_0 进货，进货量为 q。若需求量 D_F 大于进货量 q，则产品可以全部售出，设零售价为 p，零售商所得收入为 pq；若需求量 D_F 小于进货量 q，则在卖出数量为 D_F 的产品后，还剩下数量为 $q-D_F$ 的产品未能售出，对于这部分产品，制造商给予的回收价为每单位 γ，则收入为 $pD_F+\gamma(q-D_F)$。与此同时，为了了解制造商对零售商的回收价 γ 对零售商的最优进货量和最优定价产生的影响，我们将对 γ 在区间(64,69)内并以 1 递增进行数值计算。

运用 Mathematica 8.0 将设置的基本参数代入式(5.31)和式(5.32)进行求

解,可得零售商的最优进货量和最优定价。

数值计算表明,在未售出回收模式下,满足约束条件 $70 < p \leqslant 100$ 的最优解只有一个,由此,我们计算了这个最优解(计算结果见表5.7)。由表5.7可知,在这种经销模式下,最优定价与最优进货量均大于0,由此验证了模型的有效性。此外,我们发现,回收价 γ 越大,最优定价 p 与最优进货量 q 成反比。由商品经营规律可知,如果需求量增加的幅度大于价格下降的幅度,那么总收益将增加。因此,随着 γ 值增加,定价呈下降趋势,此时进货量增加,相应的零售商总收入增加,从而获得的期望利润也增加。

表 5.7 未售出回收模式下的最优定价和最优进货量

γ	p	q
64	70.05	0.24
65	70.04	0.24
66	70.03	0.23
67	70.02	0.23
68	70.02	0.23
69	70.01	0.23

数据来源:数值计算结果。

我们利用 Mathematica 8.0 的制图功能将表 5.7 推广到图 5.7。如图 5.7 所示,横轴表示定价 p,纵轴表示进货量 q。在未售出回收模式下,最优定价与最优进货量呈抛物线关系,零售商对个人客户销售的产品定价越低,进货量越高,抛物线呈向上趋势的最高点即为零售商的最优定价。因此,由 Pukelsheim[206] 的三西格玛准则可知,零售商对个人客户销售的产品定价在区间(73,77)内,零售商的利润可以达到现实状态下的最大化。此时,由最优化理论原理可知,零售商的利润达到最优。

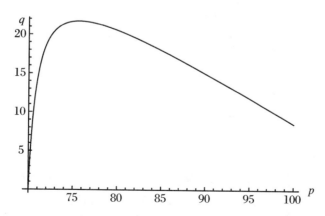

图 5.7 未售出回收模式下的零售商最优定价随最优进货量变化趋势图
数据来源:数值计算结果。

5.5.4 零售商—集团客户产品供应策略

5.5.4.1 直接折扣模式下的零售商—集团客户产品供应策略

假设制造商为了鼓励销售,对零售商批发的每个产品在批发价 w_0 的基础上再优惠 α,并且直接从进货款项中扣除,因此零售商实际所得产品的批发价为 $w_0-\alpha$,而零售商给集团客户的零售价为 p,且打 d 折。此时,若零售商的进货量 $q\leqslant D_F$,则是供不应求的情况,所得的货均可卖出,那么零售商的收入为 dpq;若零售商的进货量 $q>D_F$,则是供大于求的情况,此时零售商销售产品的收入为 dpD_F。与此同时,为了了解制造商对零售商再优惠 α 对零售商的最优进货量、最优定价和最优折扣产生的影响,我们将对 α 在区间(0.5,3)内并以 0.5 递增进行数值计算。

运用 Mathematica 8.0 将表 5.5 的结果代入式(5.34)进行求解,可得零售商的最优折扣。

数值计算表明,在直接折扣模式下,满足约束条件 $70<p\leqslant 100$ 的最优解只有一个,由此,我们计算了这个最优解(计算结果见表 5.8)。由表 5.8 可知,在这种经销模式下,最优定价、最优进货量和最优折扣均大于 0,由此验证了模型的有效性。此外,我们发现,优惠值 α 越大,最优定价 p 与最优进货量 q 成反比。由商品经营规律可知,如果需求量增加的幅度大于价格下降的幅度,那么总收益将增加。因此,随着 α 值减小,定价呈下降趋势,此时进货量增加,相应的零售商总收入增加,从而获得的期望利润也增加。

表 5.8 直接折扣模式下的最优定价、最优进货量和最优折扣

α	p	q	d
0.5	80.65	12.74	0.05
1	80.66	12.73	0.06
1.5	80.67	12.73	0.06
2	80.67	12.72	0.05
2.5	80.68	12.72	0.05
3	80.69	12.71	0.05

数据来源:数值计算结果。

我们利用 Mathematica 8.0 的制图功能将表 5.8 推广到图 5.8。上文中,图 5.5 的横轴表示定价 p,纵轴表示进货量 q。图 5.8 的横轴表示折扣 d,纵轴表示进货量 q。综合图 5.5 和图 5.8 可以发现,在直接折扣模式下,最优定价与最优进货量呈双曲线关系(图 5.5),曲线呈向上趋势的最高点即为零售商的最优定价。因此,由 Pukelsheim[206]的三西格玛准则可知,零售商对个人客户销售的产品定价在区间(77,79)内,零售商的利润可以达到现实状态下的最大化。与此同时,如图

5.8 所示,零售商对集团客户的折扣在区间(0,0.1)内,进货量 q 的数值是负数,这表明零售商对该产品的销售是亏本的。此时,由利润最优原则可知,零售商对集团客户的折扣应该在区间(0.1,1)内,折扣值越接近1,所获得的利润越大。

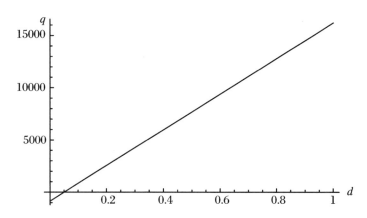

图 5.8　直接折扣模式下的零售商最优折扣随最优进货量变化趋势图
数据来源:数值计算结果。

5.5.4.2　售出返利模式下的零售商—集团客户产品供应策略

假设制造商在给定的批发价 w_0 的基础上对零售商每销售一个单位产品返利 β,而零售商的进货量为 q。若进货量大于需求量,即供大于求,则收入为 $(dp+\beta)D_F$,其中 p 为零售商的零售价,dp 为给集团客户的折扣价;若进货量小于需求量,即供不应求,则收入为 $(dp+\beta)q$。与此同时,为了了解制造商对零售商再返利 β 对零售商的最优进货量、最优定价和最优折扣产生的影响,我们将对 β 在区间(0.5,3)内并以 0.5 递增进行数值计算。

运用 Mathematica 8.0 将表 5.6 的结果代入式(5.39)进行求解,可得零售商的最优折扣。

数值计算表明,在售出返利模式下,满足约束条件 $70 < p \leqslant 100$ 的最优解只有一个,由此,我们计算了这个最优解(计算结果见表 5.9)。由表 5.9 可知,在这种经销模式下,最优定价、最优进货量和最优折扣均大于 0,由此验证了模型的有效性。此外,我们发现,返利值 β 越大,最优定价 p 与最优进货量 q 成正比。由商品经营规律可知,如果需求量增加的幅度小于价格上升的幅度,那么总收益将增加。因此,随着 β 值增加,定价呈下降趋势,此时进货量增加,相应的零售商总收入增加,从而获得的期望利润也增加。

表 5.9　售出返利模式下的最优定价、最优进货量和最优折扣

β	p	q	d
0.5	96.42	0.05	1.06
1	96.22	0.05	1.07

续表

β	p	q	d
1.5	96.02	0.05	1.07
2	95.82	0.05	1.07
2.5	95.61	0.05	1.08
3	95.42	0.06	1.21

数据来源:数值计算结果。

我们利用 Mathematica 8.0 的制图功能将表 5.9 推广到图 5.9。上文中,图 5.6 的横轴表示定价 p,纵轴表示进货量 q。图 5.9 的横轴表示折扣 d,纵轴表示进货量 q。综合图 5.6 和图 5.9 可以发现,在售出返利模式下,最优定价与最优进货量呈抛物线关系(图 5.6),零售商对个人客户销售的产品定价越低,进货量越高,抛物线呈向上趋势的最高点即为零售商的最优定价。因此,由 Pukelsheim[206] 的三西格玛准则可知,零售商对个人客户销售的产品定价在区间(84,86)内,零售商的利润可以达到现实状态下的最大化。与此同时,如图 5.9 所示,零售商对集团客户的折扣在区间(0,1.8)内,进货量 q 的数值是负数,这表明零售商对该产品的销售是亏本的。此时,由利润最优原则可知,零售商对集团客户的折扣应该在区间(1.8,10)内,折扣值越接近 10,所获得的利润越大。

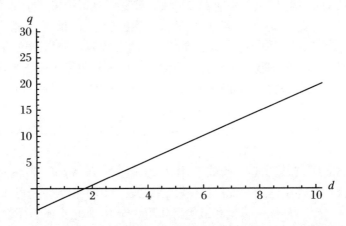

图 5.9 售出返利模式下的零售商最优折扣随最优进货量变化趋势图
数据来源:数值计算结果。

5.5.4.3 未售出回收模式下的零售商—集团客户产品供应策略

假设对于零售商未能销售出去的产品,制造商以折扣价进行回收。在这种情形下,零售商以单价 w_0 进货,进货量为 q。若需求量 D_F 大于进货量 q,则产品可以全部售出,设零售价为 p,对集团客户打 d 折,零售商所得收入为 dpq;若需求量 D_F 小于进货量 q,则在卖出数量为 D_F 的产品后,还剩下数量为 $q - D_F$ 的产品未能售出,对于这部分产品,制造商给予的回收价为每单位 γ,则收入为 $dpD_F +$

$\gamma(q-D_F)$。与此同时,为了了解制造商对零售商的回收价 γ 对零售商的最优进货量、最优定价和最优折扣产生的影响,我们将对 γ 在区间(64,69)内并以1递增进行数值计算。

运用 Mathematica 8.0 将表5.7的结果代入式(5.44)进行求解,可得零售商的最优折扣。

数值计算表明,在未售出回收模式下,满足约束条件 $70 < p \leqslant 100$ 的最优解只有一个,由此,我们计算了这个最优解(计算结果见表5.10)。由表5.10可知,在这种经销模式下,最优定价、最优进货量和最优折扣均大于0,由此验证了模型的有效性。此外,我们发现,回收价 γ 越大,最优定价 p 与最优进货量 q 成正比。由商品经营规律可知,如果需求量增加的幅度大于价格下降的幅度,那么总收益将增加。因此,随着 γ 值减小,定价呈上升趋势,此时进货量增加,相应的零售商总收入增加,从而获得的期望利润也增加。

表5.10 未售出回收模式下的最优定价、最优进货量和最优折扣

γ	p	q	d
64	70.05	0.24	1
65	70.04	0.24	1
66	70.03	0.23	1
67	70.02	0.23	1
68	70.02	0.23	1
69	70.01	0.23	1

数据来源:数值计算结果。

我们利用 Mathematica 8.0 的制图功能将表5.10推广到图5.10。上文中,图5.7的横轴表示定价 p,纵轴表示进货量 q。图5.10的横轴表示折扣 d,纵轴表示进货量 q。综合图5.7和图5.10可以发现,在未售出回收模式下,最优定价与最优进货量呈抛物线关系(图5.7),零售商对个人客户销售的产品定价越低,进货量越高,抛物线呈向上趋势的最高点即为零售商的最优定价。因此,由 Pukelsheim[206] 的三西格玛准则可知,零售商对个人客户销售的产品定价在区间(73,77)内,零售商的利润可以达到现实状态下的最大化。与此同时,如图5.10所示,制造商对集团客户的折扣在区间(0,1)内,进货量 q 的数值是负数,这表明零售商对该产品的销售是亏本的。此时,由利润最优原则可知,零售商对集团客户的折扣应该在区间(1,10)内,折扣值越接近10,所获得的利润越大。

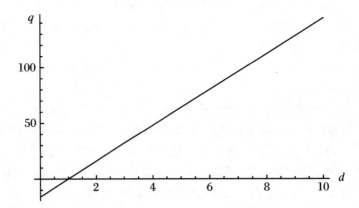

图 5.10 未售出回收模式下的零售商最优折扣随最优进货量变化趋势图
数据来源:数值计算结果。

第 6 章 基于中间需求模式的产品最优供应策略

本章将对中间需求模式下的制造商和零售商产品供应策略进行数学建模,主要分为两个部分:第一部分,从制造商的视角构建对个人客户和集团客户制定产品供应策略的数学模型,并运用数值算例进行模型验证。第二部分,从零售商的视角构建对个人客户和集团客户制定产品供应策略的数学模型,并运用数值算例进行模型验证。

6.1 制造商对个人客户制定产品供应策略模型

本节将从直接折扣模式和未售出处理模式两个方面对中间需求模式下的制造商对个人客户制定产品供应策略进行数学建模,并求解制造商获取最大利润时的最优生产量、最优定价及最优让利。

6.1.1 直接折扣模式下的制造商—个人客户产品供应策略模型

由于在直接折扣模式和售出返利模式两种供应模式中,制造商对个人客户进行直销,直接折扣和售出返利属于同等意思。因此,本节仅考虑直接折扣模式下制造商对个人客户制定的产品供应策略。设制造商生产单位产品的边际成本为 c,生产 q 单位产品的总成本为 cq,制造商直销给个人客户的零售价为 p,需求量为 $D_H(p,\varepsilon)$。当对个人客户直销供货时,为了促进销售,每个产品再优惠 α。当制造商的生产量大于需求量时,收入为 $(p-\alpha)D_H(p,\varepsilon)$;当制造商的生产量小于需求量时,则可将产品全部售出,收入为 $(p-\alpha)q$,由此可得制造商的利润为

$$\Pi_{\mathrm{MH}}=\begin{cases}-cq+(p-\alpha)q, & D_H(p,\varepsilon)\geqslant q \\ -cq+(p-\alpha)D_H(p,\varepsilon), & D_H(p,\varepsilon)<q\end{cases} \quad (6.1)$$

其中,Π_{MH} 表示中间需求模式下制造商的利润。

利用概率论中的数学期望公式,并将式(3.22)和式(3.23)代入,可得

$$\Pi_{MH} = -cq + (p-\alpha)\int_0^q D_H(\varepsilon)f(\varepsilon)d\varepsilon + (p-\alpha)\int_q^{2(a-bp)} qf(\varepsilon)d\varepsilon$$

$$= -cq + (p-\alpha)\int_0^q \frac{3(1-d_0)}{2} \cdot \varepsilon \cdot \frac{1}{2(a-bp)}d\varepsilon$$

$$+ (p-\alpha)\int_q^{2(a-bp)} q \frac{1}{2(a-bp)}d\varepsilon$$

$$= (-c+p-\alpha)q + \frac{3q^2(p-\alpha)(1-d_0)}{8(a-bp)} - \frac{(p-\alpha)q^2}{2(a-bp)}$$

$$= (-c+p-\alpha)q - \frac{q^2(p-\alpha)(1+3d_0)}{8(a-bp)} \quad (6.2)$$

要想得到在这种供应模式下,制造商获取最大利润的最优生产量、最优定价及最优让利,只需运用最优化方法对上式进行相关函数的求导,令其导数为 0 即可。具体如下:

求制造商的最优生产量 q,则

$$\frac{\partial \Pi_{MH}}{\partial q} = (-c+p-\alpha) - \frac{q(p-\alpha)(1+3d_0)}{4(a-bp)} = 0 \quad (6.3)$$

解式(6.3)得到的 q 值即为制造商的最优生产量。

又由

$$\frac{\partial \Pi_{MH}}{\partial p} = q - \frac{q^2(1+3d_0)(a-b\alpha)}{8(a-bp)^2} = 0 \quad (6.4)$$

解式(6.4)得到的 p 值即为制造商的最优定价。

又由

$$\frac{\partial \Pi_{MH}}{\partial \alpha} = -q + \frac{q^2(1+3d_0)}{8(a-bp)} = 0 \quad (6.5)$$

解式(6.5)得到的 α 值即为制造商的最优让利。

6.1.2　未售出处理模式下的制造商—个人客户产品供应策略模型

在这种供应模式下,对于制造商未能销售出去的产品进行打折处理。设制造商生产单位产品的边际成本为 c,生产量为 q,此时制造商的总成本为 cq,制造商直销给个人客户的零售价为 p,需求量为 $D_H(p,\varepsilon)$。当制造商的生产量大于需求量时,收入为 $pD_H(p,\varepsilon)$,对于剩下的数量为 $q-D_H(p,\varepsilon)$ 的产品还要进行处理,对于这部分产品,制造商给予打折处理,价格为每单位 γ,则收入为 $pD_H(p,\varepsilon)+\gamma[q-D_H(p,\varepsilon)]$;当制造商的生产量小于需求量时,则可将产品全部售出,收入为 pq,由此可得制造商的利润为

$$\Pi_{MH} = \begin{cases} -cq + pq, & D_H(p,\varepsilon) \geqslant q \\ -cq + pD_H(p,\varepsilon) + \gamma[q - D_H(p,\varepsilon)], & D_H(p,\varepsilon) < q \end{cases} \quad (6.6)$$

利用概率论中的数学期望公式,并将式(3.22)和式(3.23)代入,可得

$$\Pi_{MH} = -cq + p\int_0^q D_H(\varepsilon)f(\varepsilon)d\varepsilon + p\int_q^{2(a-bp)} qf(\varepsilon)d\varepsilon$$
$$+ \gamma \int_0^q [q - D_H(\varepsilon)]f(\varepsilon)d\varepsilon$$
$$= -cq + (p-\gamma)\int_0^q \frac{3(1-d_0)}{2} \cdot \varepsilon \cdot \frac{1}{2(a-bp)} \cdot d\varepsilon$$
$$+ p\int_q^{2(a-bp)} q \cdot \frac{1}{2(a-bp)}d\varepsilon + \gamma \int_0^q q \cdot \frac{1}{2(a-bp)}d\varepsilon$$
$$= (-c+p)q + \frac{3q^2(p-\gamma)(1-d_0)}{8(a-bp)} + \frac{(\gamma-p)q^2}{2(a-bp)} \tag{6.7}$$

要想得到在这种供应模式下,制造商获取最大利润时的最优生产量及最优定价,只需运用最优化方法对上式进行相关函数的求导,令其导数为 0 即可。具体如下:

求制造商的最优生产量 q,则

$$\frac{\partial \Pi_{MH}}{\partial q} = (-c+p) + \frac{3q(p-\gamma)(1-d_0)}{4(a-bp)} + \frac{q(\gamma-p)}{a-bp} = 0 \tag{6.8}$$

解式(6.8)得到的 q 值即为制造商的最优生产量。

又由

$$\frac{\partial \Pi_{MH}}{\partial p} = q - \frac{q^2(1+3d_0)(a-\gamma b)}{8(a-bp)^2} = 0 \tag{6.9}$$

解式(6.9)得到的 p 值即为制造商的最优定价。

6.2 制造商对集团客户制定产品供应策略模型

由于集团客户与个人客户的主要区别在于集团客户的采购量较大,需求量也较大,且需求较为稳定,制造商想要长期和集团客户进行合作的一个重要前提是必须要有针对性的优惠措施,如批量折扣等。因此,在这种供应模式下,假设制造商生产单位产品的边际成本为 c,生产量为 q,制造商直销给集团客户的零售价为 p,且打 d 折,由此可知集团客户的采购价为 dp。

本节将从直接折扣模式、未售出处理模式两个方面对中间需求模式下的制造商对集团客户制定产品供应策略进行数学建模,并求解制造商获取最大利润时的最优生产量、最优定价、最优折扣及最优让利。

6.2.1 直接折扣模式下的制造商—集团客户产品供应策略模型

由于在直接折扣模式和售出返利模式两种供应模式中,制造商对集团客户进行直销,直接折扣和售出返利属于同等意思。因此,本节仅考虑直接折扣模式下制造商对集团客户制定的产品供应策略。设制造商生产单位产品的边际成本为 c,

生产 q 单位产品的总成本为 cq,制造商直销给集团客户的零售价为 p,需求量为 $D_H(p,\varepsilon)$。当对集团客户直销供货时,为了促进长期合作,在打 d 折的情况下每个产品再优惠 α。当制造商的生产量大于需求量时,收入为 $(dp-\alpha)D_H(p,\varepsilon)$;当制造商的生产量小于需求量时,则可将产品全部售出,收入为 $(dp-\alpha)q$,由此可得制造商的利润为

$$\Pi_{MH} = \begin{cases} -cq + (dp-\alpha)q, & D_H(p,\varepsilon) \geqslant q \\ -cq + (dp-\alpha)D_H(p,\varepsilon), & D_H(p,\varepsilon) < q \end{cases} \quad (6.10)$$

利用概率论中的数学期望公式,并将式(3.22)和式(3.23)代入,可得

$$\Pi_{MH} = -cq + (dp-\alpha)\int_0^q D_H(\varepsilon)f(\varepsilon)\mathrm{d}\varepsilon + (dp-\alpha)\int_q^{2(a-bp)} qf(\varepsilon)\mathrm{d}\varepsilon$$

$$= -cq + (dp-\alpha)\int_0^q \frac{3(1-d_0)}{2} \cdot \varepsilon \cdot \frac{1}{2(a-bp)}\mathrm{d}\varepsilon$$

$$+ (dp-\alpha)\int_q^{2(a-bp)} \frac{q}{2(a-bp)}\mathrm{d}\varepsilon$$

$$= (-c+dp-\alpha)q + \frac{3q^2(dp-\alpha)(1-d_0)}{8(a-bp)} - \frac{(dp-\alpha)q^2}{2(a-bp)} \quad (6.11)$$

要想得到在这种供应模式下,制造商获取最大利润时的最优生产量、最优定价、最优折扣及最优让利,只需运用最优化方法对上式进行相关函数的求导,令其导数为 0 即可。具体如下:

求制造商的最优生产量 q,则

$$\frac{\partial \Pi_{MH}}{\partial q} = (-c+dp-\alpha) + \frac{3q(dp-\alpha)(1-d_0)}{4(a-bp)} - \frac{(dp-\alpha)q}{a-bp} = 0$$
$$(6.12)$$

解式(6.12)得到的 q 值即为制造商的最优生产量。

又由

$$\frac{\partial \Pi_{MH}}{\partial p} = dq + \frac{3q^2(1-d_0)(ad-\alpha b)}{8(a-bp)^2} - \frac{(ad-\alpha b)q^2}{2(a-bp)^2}$$

$$= dq - \frac{(ad-b\alpha)q^2(1+3d_0)}{8(a-bp)^2} = 0 \quad (6.13)$$

解式(6.13)得到的 p 值即为制造商的最优定价。

又由

$$\frac{\partial \Pi_{MH}}{\partial d} = pq + \frac{3pq^2(1-d_0)}{8(a-bp)} - \frac{pq^2}{2(a-bp)} = pq - \frac{pq^2(1+3d_0)}{8(a-bp)} = 0$$
$$(6.14)$$

解式(6.14)得到的 d 值即为制造商的最优折扣。

又由

$$\frac{\partial \Pi_{MH}}{\partial \alpha} = -q - \frac{3q^2(1-d_0)}{8(a-bp)} + \frac{q^2}{2(a-bp)} = -q + \frac{q^2(1+3d_0)}{8(a-bp)} = 0$$
$$(6.15)$$

解式(6.15)得到的 α 值即为制造商的最优让利。

6.2.2 未售出处理模式下的制造商—集团客户产品供应策略模型

在这种供应模式下,对于制造商未能销售出去的产品进行打折处理。设制造商生产单位产品的边际成本为 c,生产 q 单位产品的总成本为 cq,制造商直销给集团客户的零售价为 p,折扣为 d,需求量为 $D_H(p,\varepsilon)$。当制造商的生产量大于需求量时,收入为 $dpD_H(p,\varepsilon)$,对于剩下的数量为 $q-D_H(p,\varepsilon)$ 的产品还要进行处理,对于这部分产品,制造商给予打折处理,价格为每单位 γ,则收入为 $dpD_H(p,\varepsilon)+\gamma[q-D_H(p,\varepsilon)]$;当制造商的生产量小于需求量时,则可将产品全部售出,收入为 dpq,由此可得制造商的利润为

$$\Pi_{MH} = \begin{cases} -cq + dpq, & D_H(p,\varepsilon) \geqslant q \\ -cq + dpD_H(p,\varepsilon) + \gamma[q-D_H(p,\varepsilon)], & D_H(p,\varepsilon) < q \end{cases} \quad (6.16)$$

利用概率论中的数学期望公式,并将式(3.22)和式(3.23)代入,可得

$$\begin{aligned}\Pi_{MH} &= -cq + dp\int_0^q D_H(\varepsilon)f(\varepsilon)\mathrm{d}\varepsilon + dp\int_q^{2(a-bp)} qf(\varepsilon)\mathrm{d}\varepsilon \\ &\quad + \gamma\int_0^q [q-D_H(\varepsilon)]f(\varepsilon)\mathrm{d}\varepsilon \\ &= -cq + (dp-\gamma)\int_0^q \frac{3(1-d_0)}{2}\cdot\varepsilon\cdot\frac{1}{2(a-bp)}\cdot\mathrm{d}\varepsilon \\ &\quad + dp\int_q^{2(a-bp)} q\cdot\frac{1}{2(a-bp)}\mathrm{d}\varepsilon + \gamma\int_0^q q\cdot\frac{1}{2(a-bp)}\mathrm{d}\varepsilon \\ &= (-c+dp)q + \frac{3q^2(dp-\gamma)(1-d_0)}{8(a-bp)} + \frac{(\gamma-dp)q^2}{2(a-bp)} \\ &= (-c+dp)q - \frac{(dp-\gamma)q^2(1+3d_0)}{8(a-bp)}\end{aligned} \quad (6.17)$$

要想得到在这种供应模式下,制造商获取最大利润时的最优生产量、最优定价及最优折扣,只需运用最优化方法对上式进行相关函数的求导,令其导数为 0 即可。具体如下:

求制造商的最优生产量 q,则

$$\frac{\partial \Pi_{MH}}{\partial q} = (-c+dp) - \frac{q(dp-\gamma)(1+3d_0)}{4(a-bp)} = 0 \quad (6.18)$$

解式(6.18)得到的 q 值即为制造商的最优生产量。

又由

$$\frac{\partial \Pi_{MH}}{\partial p} = dq - \frac{dq^2(1+3d_0)}{8(a-bp)} - \frac{bq^2(dp-\gamma)(1+3d_0)}{8(a-bp)^2} = 0 \quad (6.19)$$

解式(6.19)得到的 p 值即为制造商的最优定价。

又由

$$\frac{\partial \Pi_{MH}}{\partial d} = pq - \frac{pq^2(1+3d_0)}{8(a-bp)} = 0 \quad (6.20)$$

解式(6.20)得到的 d 值即为制造商的最优折扣。

6.3 零售商对个人客户制定产品供应策略模型

本节将从直接折扣模式、售出返利模式和未售出回收模式三个方面对中间需求模式下的零售商对个人客户制定产品供应策略进行数学建模,并求解零售商获取最大利润时的最优进货量、最优定价。

6.3.1 直接折扣模式下的零售商—个人客户产品供应策略模型

在这种供应模式下,传统的促销手段是制造商在给零售商供货时,每个产品在批发价 w_0 的基础上再优惠 α,并且直接从进货款项中扣除,因此零售商实际所得产品的批发价为 $w_0 - \alpha$,而零售商给个人客户的零售价为 p。此时,若零售商的进货量 $q \leqslant D_H$(此处,D_H 为需求量),则是供不应求的情况,所得的货均可卖出,那么零售商的收入为 pq;若零售商的进货量 $q > D_H$,则是供大于求的情况,此时零售商销售产品的收入为 pD_H,由此可得零售商的利润为

$$\Pi_{RH} = \begin{cases} -q(w_0 - \alpha) + pq, & q \leqslant D_H \\ -q(w_0 - \alpha) + pD_H, & q > D_H \end{cases} \tag{6.21}$$

其中,Π_{RH} 表示中间需求模式下零售商的利润。

利用概率论中的数学期望公式,并将式(3.22)和式(3.23)代入,可得

$$\begin{aligned}
\Pi_{RH} &= -w_0 q + p \int_0^q D_H(\varepsilon) f(\varepsilon) \mathrm{d}\varepsilon + p \int_q^{2(a-bp)} q f(\varepsilon) \mathrm{d}\varepsilon + \alpha q \\
&= (-w_0 + \alpha) q + p \int_0^q \frac{3(1 - d_0)}{2} \cdot \varepsilon \cdot \frac{1}{2(a - bp)} \mathrm{d}\varepsilon \\
&\quad + pq \left[1 - \frac{q}{2(a - bp)} \right] \\
&= (-w_0 + \alpha + p) q - \frac{pq^2 (1 + 3d_0)}{8(a - bp)}
\end{aligned} \tag{6.22}$$

要想得到在这种供应模式下,零售商获取最大利润时的最优进货量及最优定价,只需运用最优化方法对上式进行相关函数的求导,令其导数为 0 即可。具体如下:

$$\frac{\partial \Pi_{RH}}{\partial q} = -w_0 + \alpha + p - \frac{pq(1 + 3d_0)}{4(a - bp)} = 0 \tag{6.23}$$

解得

$$q = \frac{4(a - bp)(-w_0 + \alpha + p)}{(1 + 3d_0)p} \tag{6.24}$$

又由

$$\frac{\partial \Pi_{\mathrm{RH}}}{\partial p} = q - \frac{q^2(1+3d_0)}{8(a-bp)} - \frac{bpq^2(1+3d_0)}{8(a-bp)^2}$$

$$= [8b^2p^2 - 16abp + 8a^2 - aq(1+3d_0)]\frac{q}{8(a-bp)^2} = 0 \tag{6.25}$$

利用韦达定理,可求得

$$\Delta = 16^2 a^2 b^2 - 4 \times 8b^2 \times [8a^2 - aq(1+3d_0)] = 32b^2 ad(1+3d_0) \tag{6.26}$$

由求根公式,解得

$$p = \frac{16ab + 4b\sqrt{2aq(1+3d_0)}}{16b^2} = \frac{4a + \sqrt{2aq(1+3d_0)}}{4b} \tag{6.27}$$

解式(6.25)得到的 q 值即为零售商的最优进货量,解式(6.27)得到的 p 值即为零售商的最优定价。

6.3.2 售出返利模式下的零售商—个人客户产品供应策略模型

在这种供应模式下,制造商对零售商的让利并不是在进货时直接扣除的,而是在零售商将产品卖出去之后再进行返利的。设制造商在给定的批发价 w_0 的基础上对零售商每销售一个单位产品返利 β,而零售商的进货量为 q。若进货量大于需求量,即供大于求,则收入为 $(p+\beta)D_H$,其中 p 为零售商的零售价;若进货量小于需求量,即供不应求,则收入为 $(p+\beta)q$。在这种模式下,零售商可得利润为

$$\Pi_{\mathrm{RH}} = \begin{cases} -w_0 q + (p+\beta)q, & q \leqslant D_H \\ -w_0 q + (p+\beta)D_H, & q > D_H \end{cases} \tag{6.28}$$

利用概率论中的数学期望公式,并将式(3.22)和式(3.23)代入,可得

$$\Pi_{\mathrm{RH}} = -w_0 q + (p+\beta)\int_0^q D_H(\varepsilon)f(\varepsilon)\mathrm{d}\varepsilon + (p+\beta)\int_q^{2(a-bp)} qf(\varepsilon)\mathrm{d}\varepsilon$$

$$= -w_0 q + (p+\beta)\int_0^q \frac{3(1-d_0)}{2} \cdot \varepsilon \cdot \frac{1}{2(a-bp)}\mathrm{d}\varepsilon$$

$$+ (p+\beta)q \int_q^{2(a-bp)} \frac{1}{2(a-bp)}\mathrm{d}\varepsilon$$

$$= -w_0 q + \frac{3(1-d_0)(p+\beta)q^2}{8(a-bp)} + (p+\beta)q - \frac{(p+\beta)q^2}{2(a-bp)}$$

$$= (-w_0 + p + \beta)q - \frac{(1+3d_0)(p+\beta)q^2}{8(a-bp)} \tag{6.29}$$

要想得到在这种供应模式下,零售商获取最大利润时的最优进货量及最优定价,只需运用最优化方法对上式进行相关函数的求导,令其导数为 0 即可。具体如下:

$$\frac{\partial \Pi_{\mathrm{RH}}}{\partial q} = (-w_0 + p + \beta) - \frac{(1+3d_0)(p+\beta)q}{4(a-bp)} = 0 \tag{6.30}$$

解得

$$q = \frac{4(a-bp)(-w_0+p+\beta)}{(1+3d_0)(p+\beta)} \tag{6.31}$$

又由

$$\frac{\partial \Pi_{RH}}{\partial p} = q - \frac{q^2(1+3d_0)}{8(a-bp)} - \frac{b(1+3d_0)(p+\beta)q^2}{8(a-bp)^2}$$

$$= [8b^2p^2 - 16abp + 8a^2 - (1+3d_0)q(a+b\beta)] \cdot \frac{q}{8(a-bp)^2} = 0 \tag{6.32}$$

利用韦达定理,可求得

$$\Delta = 16b^2[2(1+3d_0)(a+b\beta)q] \tag{6.33}$$

由此,可得

$$p = \frac{16ab + \sqrt{16b^2 \cdot 2(1+3d_0)(a+b\beta)q}}{16b^2} = \frac{4a + \sqrt{2q(1+3d_0)(a+b\beta)}}{4b} \tag{6.34}$$

解式(6.31)得到的 q 值即为零售商的最优进货量,解式(6.34)得到的 p 值即为零售商的最优定价。

6.3.3 未售出回收模式下的零售商—个人客户产品供应策略模型

在这种供应模式下,对于零售商未能销售出去的产品,制造商以折扣价进行回收。在这种情形下,零售商以单价 w_0 进货,进货量为 q。若需求量 D_H 大于进货量 q,则产品可以全部售出,设售价为 p,零售商所得销售款为 pq。若需求量 D_H 小于进货量 q,则在卖出数量为 D_H 的产品后,还剩下数量为 $q-D_H$ 的产品未能售出,对于这部分产品,制造商给予的回收价为每单位 γ,则收入为 $pD_H + \gamma(q-D_H)$。由此可得零售商的利润为

$$\Pi_{RH} = \begin{cases} -w_0 q + pq, & q \leqslant D_H \\ -w_0 q + pD_H + \gamma(q-D_H), & q > D_H \end{cases} \tag{6.35}$$

利用概率论中的数学期望公式,并将式(3.22)和式(3.23)代入,可得

$$\Pi_{RH} = -w_0 q + p\int_0^q D_H(\varepsilon)f(\varepsilon)d\varepsilon + p\int_q^{2(a-bp)} qf(\varepsilon)d\varepsilon$$

$$\quad + \gamma\int_0^q (q - D_H(\varepsilon))f(\varepsilon)d\varepsilon$$

$$= -w_0 q + p\int_0^q \frac{3(1-d_0)}{2} \cdot \varepsilon \cdot \frac{1}{2(a-bp)}d\varepsilon + pq\int_q^{2(a-bp)} \frac{1}{2(a-bp)}d\varepsilon$$

$$\quad + \gamma\int_0^q \left[q - \frac{3(1-d_0)}{2}\varepsilon\right] \cdot \frac{1}{2(a-bp)}d\varepsilon$$

$$= (-w_0 + p)q + \frac{3pq^2(1-d_0)}{8(a-bp)} - \frac{pq^2}{2(a-bp)} + \frac{\gamma q^2}{2(a-bp)}$$

$$-\frac{3(1-d_0)\gamma q^2}{8(a-bp)}$$

$$=(-w_0+p)q-\frac{(1+3d_0)(p-\gamma)q^2}{8(a-bp)} \qquad (6.36)$$

要想得到在这种供应模式下,零售商获取最大利润时的最优进货量及最优定价,只需运用最优化方法对上式进行相关函数的求导,令其导数为 0 即可。具体如下:

$$\frac{\partial \Pi_{RH}}{\partial q}=-w_0+p+\frac{(1+3d_0)(\gamma-p)q}{4(a-bp)}=0 \qquad (6.37)$$

解得

$$q=\frac{4(-w_0+p)(a-bp)}{(1+3d_0)(p-\gamma)} \qquad (6.38)$$

又由

$$\frac{\partial \Pi_{RH}}{\partial p}=q-\frac{q^2(1+3d_0)}{8(a-bp)}-\frac{b(1+3d_0)(p-\gamma)q^2}{8(a-bp)^2}$$

$$=[8b^2p^2-16abp+8a^2-(1+3d_0)(a-b\gamma)q]\cdot\frac{q}{8(a-bp)^2}=0 \qquad (6.39)$$

利用韦达定理,可求得

$$\Delta=32b^2(1+3d_0)(a-b\gamma)q \qquad (6.40)$$

由此,可得

$$p=\frac{16ab+\sqrt{32b^2(1+3d_0)(a-b\gamma)q}}{16b^2}=\frac{4a+\sqrt{2(1+3d_0)(a-b\gamma)q}}{4b} \qquad (6.41)$$

解式(6.38)得到的 q 值即为零售商的最优进货量,解式(6.41)得到的 p 值即为零售商的最优定价。

6.4 零售商对集团客户制定产品供应策略模型

由于集团客户与个人客户的主要区别在于集团客户的采购量较大,需求量也较大,且需求较为稳定,零售商想要长期和集团客户进行合作的一个重要前提是必须要有针对性的优惠措施,如批量折扣等。因此,在这种供应模式下,设零售价为 p,对集团客户打 d 折,则集团客户的采购价为 dp。

本节将从直接折扣模式、售出返利模式和未售出回收模式三个方面对中间需求模式下的零售商对集团客户制定产品供应策略进行数学建模,并求解零售商获取最大利润时的最优进货量、最优定价及最优折扣。

6.4.1 直接折扣模式下的零售商—集团客户产品供应策略模型

在这种供应模式下,传统的促销手段是制造商在给零售商供货时,每个产品在批发价 w_0 的基础上再优惠 α,并且直接从进货款项中扣除,因此,零售商实际所得产品的批发价为 $w_0 - \alpha$,而零售商给集团客户的零售价为 p,且打 d 折。此时,若零售商的进货量 $q \leqslant D_H$,则是供不应求的情况,所得的货均可卖出,那么零售商的收入为 dpq;若零售商的进货量 $q > D_H$,则是供大于求的情况,此时零售商销售产品的收入为 dpD_H,由此可得零售商的利润为

$$\varPi_{RH} = \begin{cases} -q(w_0 - \alpha) + dpq, & q \leqslant D_H \\ -q(w_0 - \alpha) + dpD_H, & q > D_H \end{cases} \quad (6.42)$$

利用概率论中的数学期望公式,并将式(3.22)和式(3.23)代入,可得

$$\begin{aligned}
\varPi_{RH} &= (-w_0 + \alpha)q + dp\int_0^q D_H(\varepsilon)f(\varepsilon)\mathrm{d}\varepsilon + dp\int_q^{2(a-bp)} qf(\varepsilon)\mathrm{d}\varepsilon \\
&= (-w_0 + \alpha)q + dp\int_0^q \frac{3(1-d_0)}{2} \cdot \varepsilon \cdot \frac{1}{2(a-bp)} \cdot \mathrm{d}\varepsilon \\
&\quad + dpq\int_q^{2(a-bp)} \cdot \frac{1}{2(a-bp)}\mathrm{d}\varepsilon \\
&= (-w_0 + \alpha + dp)q - \frac{dpq^2(1+3d_0)}{8(a-bp)}
\end{aligned} \quad (6.43)$$

要想得到在这种供应模式下,零售商获取最大利润时的最优进货量、最优定价及最优折扣,只需运用最优化方法对上式进行相关函数的求导,令其导数为 0 即可。具体如下:

求零售商的最优进货量 q,则

$$\frac{\partial \varPi_{RH}}{\partial q} = (-w_0 + \alpha + dp) - \frac{dpq(1+3d_0)}{4(a-bp)} = 0 \quad (6.44)$$

解式(6.44)得到的 q 值即为零售商的最优进货量。

又由

$$\frac{\partial \varPi_{RH}}{\partial p} = dq - \frac{adq^2(1+3d_0)}{8(a-bp)^2} = 0 \quad (6.45)$$

解式(6.45)得到的 p 值即为零售商的最优定价。

又由

$$\frac{\partial \varPi_{RH}}{\partial d} = pq - \frac{pq^2(1+3d_0)}{8(a-bp)} = 0 \quad (6.46)$$

解式(6.46)得到的 d 值即为零售商的最优折扣。

6.4.2 售出返利模式下的零售商—集团客户产品供应策略模型

在这种供应模式下,制造商对零售商的让利并不是在进货时直接扣除的,而是

在零售商将产品卖出去之后再进行返利的。设制造商在给定的批发价 w_0 的基础上对零售商每销售一个单位产品返利 β,而零售商的进货量为 q。若进货量大于需求量,即供大于求,则收入为 $(dp+\beta)D_H$,其中 p 为零售商的零售价,dp 为给集团客户的折扣价。若进货量小于需求量,即供不应求,则收入为 $(dp+\beta)q$。在这种模式下,零售商可得利润为

$$\Pi_{RH} = \begin{cases} -w_0 q + (dp+\beta)q, & q \leqslant D_H \\ -w_0 q + (dq+\beta)D_H, & q > D_H \end{cases} \tag{6.47}$$

利用概率论中的数学期望公式,并将式(3.22)和式(3.23)代入,可得

$$\begin{aligned}\Pi_{RH} &= -w_0 q + (dp+\beta)\int_0^q D_H(\varepsilon)f(\varepsilon)\mathrm{d}\varepsilon + (dp+\beta)\int_q^{2(a-bp)} f(\varepsilon)\mathrm{d}\varepsilon \\ &= -w_0 q + (dp+\beta)\int_0^q \frac{3(1-d_0)}{2}\cdot\varepsilon\cdot\frac{1}{2(a-bp)}\cdot\mathrm{d}\varepsilon \\ &\quad + (dp+\beta)\int_q^{2(a-bp)}\cdot\frac{1}{2(a-bp)}\mathrm{d}\varepsilon \\ &= (-w_0 + dp + \beta)q - \frac{q^2(dp+\beta)(1+3d_0)}{8(a-bp)} \end{aligned} \tag{6.48}$$

要想得到在这种供应模式下,零售商获取最大利润时的最优进货量、最优定价及最优折扣,只需运用最优化方法对上式进行相关函数的求导,令其导数为 0 即可。具体如下:

求零售商的最优进货量 q,则

$$\frac{\partial \Pi_{RH}}{\partial q} = (-w_0 + dp + \beta) - \frac{q(dp+\beta)(1+3d_0)}{4(a-bp)} = 0 \tag{6.49}$$

解式(6.49)得到的 q 值即为零售商的最优进货量。

又由

$$\frac{\partial \Pi_{RH}}{\partial p} = dq - \frac{(1+3d_0)q^2(ad+b\beta)}{8(a-bp)^2} = 0 \tag{6.50}$$

解式(6.50)得到的 p 值即为零售商的最优定价。

又由

$$\frac{\partial \Pi_{RH}}{\partial d} = pq - \frac{pq^2(1+3d_0)}{8(a-bp)} = 0 \tag{6.51}$$

解式(6.51)得到的 d 值即为零售商的最优折扣。

6.4.3 未售出回收模式下的零售商—集团客户产品供应策略模型

在这种供应模式下,对于零售商未能销售出去的产品,制造商以折扣价进行回收。在这种情形下,零售商以单价 w_0 进货,进货量为 q。若需求量 D_H 大于进货量 q,则产品可以全部售出,设零售价为 p,对集团客户打 d 折,则零售商所得收入为 dpq。若需求量 D_H 小于进货量 q,则在卖出数量为 D_H 的产品后,还剩下数量为 $q-D_H$ 的产品未能售出,对于这部分产品,制造商给予的回收价为每单位 γ,则

收入为 $dpD_H + \gamma(q - D_H)$。由此可得零售商的利润为

$$\Pi_{RH} = \begin{cases} -w_0 q + dpq, & q \leqslant D_H \\ -w_0 q + dpD_H + \gamma(q - D_H), & q > D_H \end{cases} \quad (6.52)$$

利用概率论中的数学期望公式,并将式(3.22)和式(3.23)代入,可得

$$\Pi_{RH} = -w_0 q + dp\int_0^q D_H(\varepsilon) f(\varepsilon) \mathrm{d}\varepsilon + dp\int_q^{2(a-bp)} q f(\varepsilon) \mathrm{d}\varepsilon$$

$$+ \gamma \int_0^q [q - D_H(\varepsilon)] f(\varepsilon) \mathrm{d}\varepsilon$$

$$= -w_0 q + (dp - \gamma) \int_0^q \frac{3(1-d_0)}{2} \cdot \varepsilon \cdot \frac{1}{2(a-bp)} \cdot \mathrm{d}\varepsilon$$

$$+ dp \int_q^{2(a-bp)} q \frac{1}{2(a-bp)} \mathrm{d}\varepsilon + \gamma \int_0^q q \frac{1}{2(a-bp)} \mathrm{d}\varepsilon$$

$$= (-w_0 + dp)q - \frac{(1+3d_0)(dp-\gamma)q^2}{8(a-bp)} \quad (6.53)$$

要想得到在这种供应模式下,零售商获取最大利润时的最优进货量、最优定价及最优折扣,只需运用最优化方法对上式进行相关函数的求导,令其导数为 0 即可。具体如下:

求零售商的最优进货量 q,则

$$\frac{\partial \Pi_{RH}}{\partial q} = (-w_0 + dp) - \frac{(1+3d_0)(dp-\gamma)q}{4(a-bp)} = 0 \quad (6.54)$$

解式(6.54)得到的 q 值即为零售商的最优进货量。

又由

$$\frac{\partial \Pi_{RH}}{\partial p} = dq - \frac{(1+3d_0)q^2(ad-b\gamma)}{8(a-bp)^2} = 0 \quad (6.55)$$

解式(6.55)得到的 p 值即为零售商的最优定价。

又由

$$\frac{\partial \Pi_{RH}}{\partial d} = pq - \frac{(1+3d_0)pq^2}{8(a-bp)} = 0 \quad (6.56)$$

解式(6.56)得到的 d 值即为零售商的最优折扣。

6.5 算例分析

由于在不同需求模式下制造商和零售商对个人客户和集团客户制定产品供应策略实现利润最优的模型中变量关系非常复杂,最优生产量(进货量)、最优定价和最优折扣均没有显式解。因此,为了检验模型是否能真实地反映不同需求模式下的产品供应策略及模型是否能正确地刻画事件内在变量之间的相互关系和服从的客观规律,我们将对各个子模型通过数值算例的方式验证其最优解的情况。

由于制造商和零售商在对集团客户制定产品供应策略时是在对个人客户制定产品供应策略的基础上再增加一个决策变量 d,即制造商和零售商对集团客户的最优定价是在个人客户的最优定价的基础上再打 d 折。由此,本节的重点是检验基于中间需求模式的制造商和零售商对个人客户和集团客户制定产品供应策略模型的有效性。

6.5.1 制造商—个人客户产品供应策略

由于制造商和零售商在销售模式上不同,如制造商对个人客户属于直接销售,所以中间环节的成本为 0。零售商则需要先从制造商那里批发产品,然后经过运输等环节,甚至还有可能需要经过二次经销商环节,因此存在较大的中间成本,这导致制造商和零售商在价格策略上存在较大的差异。

假设某制造商计划生产和销售一款普通产品,设这款产品的单位生产成本为 50,如果生产量大还能进一步降低成本,又设市场上该产品当前的最高零售价为 100,此时制造商向个人客户直销的产品零售价需要满足 $50 < p \leqslant 100$ 才能实现盈利。我们要解决的问题是制造商如何制定最优生产量和最优定价。

考虑到生产量对价格和收益的影响,在模型求解之前,我们首先对相关变量进行定义。式中,$0\sim 2(a-bp)$ 是制造商生产量的范围,p 是制造商向个人客户直销的产品零售价,q 是制造商的生产量,α 是制造商给个人客户的再优惠,c 是制造商生产单位产品的边际成本,p_m 是制造商销售产品的最高价格,γ 是制造商打折处理的价格,u 是产品的实用效能,v 是产品的品位功能效能。设基本参数如下:$a=50, c=50, d_0=0.2, b=0.5, p_m=100, u=0.5, v=0.4$。

由于直接折扣模式和售出返利模式中的直接折扣和售出返利属于同等意思,由此我们将分别对直接折扣模式和未售出回收模式这两种经销模式进行算例分析,验证相应的数学模型的有效性,并探析制造商获取最优利润时的最优生产量和最优定价。

6.5.1.1 直接折扣模式下的制造商—个人客户产品供应策略

假设制造商生产单位产品的边际成本为 c,生产 q 单位产品的总成本为 cq,制造商直销给个人客户的零售价为 p,需求量为 $D_H(p,\varepsilon)$。当对个人客户直销供货时,为了促进销售,每个产品再优惠 α。当制造商的生产量大于需求量时,收入为 $(p-\alpha)D_H(p,\varepsilon)$;当制造商的生产量小于需求量时,则可将产品全部售出,收入为 $(p-\alpha)q$。与此同时,为了了解制造商对个人客户再优惠 α 对最优生产量和最优定价产生的影响,我们将对 α 在区间 $(0.5,3)$ 内并以 0.5 递增进行数值计算。

运用 Mathematica 8.0 将设置的基本参数代入式(6.3)和式(6.4)进行求解,可得制造商的最优生产量和最优定价。

数值计算表明,在直接折扣模式下,满足约束条件 $50 < p \leqslant 100$ 的最优解只有一个,由此,我们计算了这个最优解(计算结果见表 6.1)。由表 6.1 可知,在这种经销模式下,最优定价与最优生产量均大于 0,由此验证了模型的有效性。此外,我

们发现,当产品定价接近最高零售价时,优惠值 α 越大,最优定价 p 与最优生产量 q 成正比。由商品经营规律可知,如果需求量增加的幅度小于价格上升的幅度,那么总收益将增加。因此,随着 α 值减小,定价呈上升趋势,此时生产量增加,相应的制造商总收入增加,从而获得的期望利润也增加。

表 6.1 直接折扣模式下的最优定价和最优生产量

α	p	q
0.5	95.45	0.52
1	95.47	0.52
1.5	95.48	0.52
2	95.5	0.52
2.5	95.52	0.52
3	95.53	0.51

数据来源:数值计算结果。

我们利用 Mathematica 8.0 的制图功能将表 6.1 推广到图 6.1。如图 6.1 所示,横轴表示定价 p,纵轴表示生产量 q。在直接折扣模式下,最优定价与最优生产量呈抛物线关系,抛物线呈向上趋势的最高点即为制造商的最优定价。因此,由 Pukelsheim[206] 的三西格玛准则可知,制造商对个人客户销售的产品定价在区间 $(95,96)$ 内,制造商的利润可以达到现实状态下的最大化。此时,由最优化理论可知,制造商的利润达到最优。

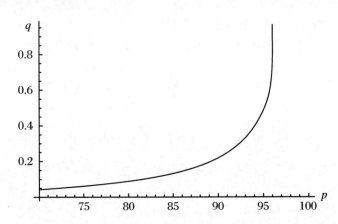

图 6.1 直接折扣模式下的制造商最优定价随最优生产量变化趋势图
数据来源:数值计算结果。

6.5.1.2 未售出处理模式下的制造商—个人客户产品供应策略

在这种供应模式下,对于制造商未能销售出去的产品进行打折处理。设制造商生产单位产品的边际成本为 c,生产量为 q,此时制造商的总成本为 cq,制造商直销给个人客户的零售价为 p,需求量为 $D_H(p,\varepsilon)$。当制造商的生产量大于需求量时,收入为 $pD_H(p,\varepsilon)$,对于剩下的数量为 $q - D_H(p,\varepsilon)$ 的产品还要进行处理,对于这部分产品,制造商给予打折处理,价格为每单位 γ,则收入为 $pD_H(p,\varepsilon) + \gamma[q - D_H(p,\varepsilon)]$;当制造商的生产量小于需求量时,则可将产品全部售出,收入为 pq。与此同时,为了了解制造商的打折处理价格 γ 对最优生产量和最优定价产生的影响,我们将对 γ 在区间(44,49)内并以1递增进行数值计算。

运用 Mathematica 8.0 将设置的基本参数代入式(6.8)和式(6.9)进行求解,可得制造商的最优生产量和最优定价。

数值计算表明,在未售出处理模式下,满足约束条件 $50 < p \leqslant 100$ 的最优解只有一个,由此,我们计算了这个最优解(计算结果见表6.2)。由表6.2可知,在这种经销模式下,最优定价与最优生产量均大于0,由此验证了模型的有效性。此外,我们发现,打折处理价格 γ 越大,最优定价 p 与最优生产量 q 成正比。由商品经营规律可知,如果需求量增加的幅度大于价格下降的幅度,那么总收益将增加。因此,随着 γ 值增加,定价呈下降趋势,此时生产量增加,相应的制造商总收入增加,从而获得的期望利润也增加。

表6.2 未售出处理模式下的最优定价和最优生产量

γ	p	q
44	77.08	23.45
45	76.82	24.42
46	76.54	25.49
47	76.22	26.67
48	75.87	28
49	75.46	29.51

数据来源:数值计算结果。

我们利用 Mathematica 8.0 的制图功能将表6.2推广到图6.2。如图6.2所示,横轴表示定价 p,纵轴表示生产量 q。在未售出处理模式下,最优定价与最优生产量呈倒向的抛物线关系,抛物线呈向上趋势的最高点即为制造商的最优定价。

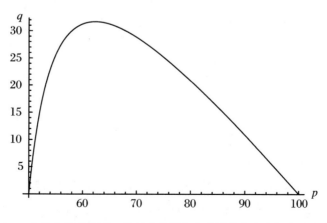

图6.2 未售出处理模式下的制造商最优定价随最优生产量变化趋势图
数据来源:数值计算结果。

因此，由 Pukelsheim[206] 的三西格玛准则可知，制造商对个人客户销售的产品定价在区间(60,64)内，制造商的利润可以达到现实状态下的最大化。此时，由最优化理论可知，制造商的利润达到最优。

6.5.2 制造商—集团客户产品供应策略

6.5.2.1 直接折扣模式下的制造商—集团客户产品供应策略

假设制造商生产单位产品的边际成本为 c，生产 q 单位产品的总成本为 cq，制造商直销给集团客户的零售价为 p，需求量为 $D_H(p,\varepsilon)$。当对集团客户直销供货时，为了促进长期合作，在打 d 折的情况下每个产品再优惠 α。当制造商的生产量大于需求量时，收入为 $(dp-\alpha)D_H(p,\varepsilon)$；当制造商的生产量小于需求量时，则可将产品全部售出，收入为 $(dp-\alpha)q$。与此同时，为了了解制造商对集团客户再优惠 α 对最优生产量、最优定价和最优折扣产生的影响，我们将对 α 在区间(0.5,3)内并以 0.5 递增进行数值计算。

运用 Mathematica 8.0 将表 6.1 的结果代入式(6.11)进行求解，可得制造商的最优折扣。

数值计算表明，在直接折扣模式下，满足约束条件 $50 < p \leqslant 100$ 的最优解只有一个，由此，我们计算了这个最优解(计算结果见表 6.3)。由表 6.3 可知，在这种经销模式下，最优定价、最优生产量与最优折扣均大于 0，由此验证了模型的有效性。此外，我们发现，优惠值 α 越大，最优定价 p 与最优生产量 q 成正比。由商品经营规律可知，如果需求量增加的幅度小于价格上升的幅度，那么总收益将增加。因此，随着 α 值减小，折扣降低，定价呈下降趋势，此时生产量增加，相应的制造商总收入增加，从而获得的期望利润也增加。

表 6.3　直接折扣模式下的最优定价、最优生产量和最优折扣

α	p	q	d
0.5	95.45	0.52	0.55
1	95.47	0.52	0.56
1.5	95.48	0.52	0.56
2	95.5	0.52	0.57
2.5	95.52	0.52	0.58
3	95.53	0.51	0.58

数据来源：数值计算结果。

我们利用 Mathematica 8.0 的制图功能将表 6.3 推广到图 6.3。上文中，图 6.1 的横轴表示定价 p，纵轴表示生产量 q。图 6.3 的横轴表示折扣 d，纵轴表示生产量 q。综合图 6.1 和图 6.3 可以发现，在直接折扣模式下，最优定价与最优生产量呈抛物线关系(图 6.1)，抛物线呈向上趋势的最高点即为制造商的最优定价。

因此，由 Pukelsheim[206] 的三西格玛准则可知，制造商销售的产品定价在区间 (95,96) 内，制造商的利润可以达到现实状态下的最大化。与此同时，如图 6.3 所示，制造商对集团客户的折扣在区间 (0,0.6) 内，生产量 q 的数值是负数，这表明制造商对该产品的销售是亏本的。此时，由利润最优原则可知，制造商对集团客户的折扣应该在区间 (0.6,1) 内，折扣值越接近 1，所获得的利润越大。

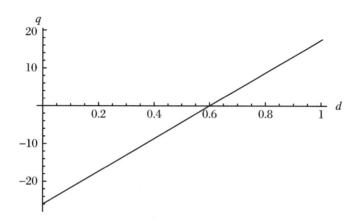

图 6.3　直接折扣模式下的制造商最优折扣随最优生产量变化趋势图
数据来源：数值计算结果。

6.5.2.2　未售出处理模式下的制造商　集团客户产品供应策略

在这种供应模式下，对于制造商未能销售出去的产品进行打折处理。设制造商生产单位产品的边际成本为 c，生产量为 q，此时制造商的总成本为 cq，制造商直销给集团客户的零售价为 p，折扣为 d，需求量为 $D_H(p,\varepsilon)$。当制造商的生产量大于需求量时，收入为 $dpD_H(p,\varepsilon)$，对于剩下的数量为 $q-D_H(p,\varepsilon)$ 的产品还要进行处理，对于这部分产品，制造商给予打折处理，价格为每单位 γ，则收入为 $dpD_H(p,\varepsilon)+\gamma[q-D_H(p,\varepsilon)]$；当制造商的生产量小于需求量时，则可将产品全部售出，收入为 dpq。与此同时，为了了解制造商的打折处理价格 γ 对最优生产量、最优定价和最优折扣产生的影响，我们将对 γ 在区间 (44,49) 内并以 1 递增进行数值计算。

运用 Mathematica 8.0 将表 6.2 的结果代入式 (6.17) 进行求解，可得制造商的最优折扣。

数值计算表明，在未售出处理模式下，满足约束条件 $50<p\leqslant 100$ 的最优解只有一个，由此，我们计算了这个最优解（计算结果见表 6.4）。由表 6.4 可知，在这种经销模式下，最优定价与最优生产量均大于 0，由此验证了模型的有效性。此外，我们发现，打折处理价格 γ 越大，最优定价 p 与最优生产量 q 成正比。由商品经营规律可知，如果需求量增加的幅度大于价格下降的幅度，那么总收益将增加。因此，随着 γ 值增加，折扣降低，定价呈下降趋势，此时生产量增加，相应的制造商总收入增加，从而获得的期望利润也增加。

表 6.4 未售出回收模式下的最优定价、最优生产量和最优折扣

γ	p	q	d
44	77.08	23.45	0.7
45	76.82	24.42	0.7
46	76.54	25.49	0.69
47	76.22	26.67	0.69
48	75.87	28	0.68
49	75.46	29.51	0.67

数据来源：数值计算结果。

我们利用 Mathematica 8.0 的制图功能将表 6.4 推广到图 6.4。上文中，图 6.2 的横轴表示定价 p，纵轴表示生产量 q。图 6.4 的横轴表示折扣 d，纵轴表示生产量 q。综合图 6.2 和图 6.4 可以发现，在未售出处理模式下，最优定价与最优生产量呈倒向的抛物线关系（图 6.2），抛物线呈向上趋势的最高点即为制造商的最优定价。因此，由 Pukelsheim[206] 的三西格玛准则可知，制造商对个人客户销售的产品定价在区间 (60,64) 内，制造商的利润可以达到现实状态下的最大化。与此同时，如图 6.4 所示，制造商对集团客户的折扣在区间 (0,0.65) 内，生产量 q 的数值是负数，这表明制造商对该产品的销售是亏本的。此时，由利润最优原则可知，制造商对集团客户的折扣应该在区间 (0.65,1) 内，折扣值越接近 1，所获得的利润越大。

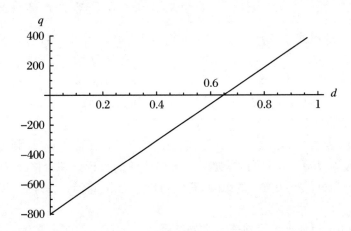

图 6.4 未售出回收模式下的制造商最优折扣随最优生产量变化趋势图
数据来源：数值计算结果。

6.5.3 零售商—个人客户产品供应策略

某零售商计划销售 J 公司生产的一款普通产品。假设 J 公司生产这款产品的单位生产成本为 70，且市场上该产品当前的最高零售价为 100，此时零售商向个人客户销售的产品零售价需要满足 $70 < p \leqslant 100$ 才能实现盈利。我们要解决的问题是零售商如何制定最优进货量和最优定价。

前文已经对制造商和零售商的销售模式进行了比较分析,分析结果表明,制造商和零售商在销售模式上存在着较大的差异,因此在参数设置上也有所不同。考虑到进货量对价格和收益的影响,在模型求解之前,我们首先对相关变量进行定义。式中,$0\sim 2(a-bp)$是零售商进货量的范围,p是零售商针对个人客户的产品零售价,q是零售商的进货量,α是制造商给零售商每单位产品的返利,w_0是制造商的批发价,p_m是零售商销售产品的最高价格,γ是制造商向零售商回收产品的价格,u是产品的实用效能,v是产品的品位功能效能。设基本参数如下:$a=90$,$w_0=70$,$d_0=0.2$,$b=0.8$,$p_m=100$,$u=0.9$,$v=0.8$。

下面将分别对直接折扣模式、售出返利模式和未售出回收模式这三种经销模式进行算例分析,验证相应的数学模型的有效性,并探析零售商获取最优利润时的最优进货量和最优定价。

6.5.3.1 直接折扣模式下的零售商—个人客户产品供应策略

假设制造商为了鼓励销售,对零售商批发的每个产品在批发价w_0的基础上再优惠α,并且直接从进货款项中扣除,因此零售商实际所得产品的批发价为$w_0-\alpha$,而零售商给个人客户的零售价为p。此时,若零售商的进货量$q \leqslant D_H$(此处,D_H为需求量),则是供不应求的情况,所得的货均可卖出,那么零售商的收入为pq;若零售商的进货量$q>D_H$,则是供大于求的情况,此时零售商销售产品的收入为pD_H。与此同时,为了了解制造商对零售商再优惠α对零售商的最优进货量和最优定价产生的影响,我们将对α在区间$(0.5,3)$内并以0.5递增进行数值计算。

运用Mathematica 8.0将设置的基本参数代入式(6.24)和式(6.27)进行求解,可得零售商的最优进货量和最优定价。

数值计算表明,在直接折扣模式下,满足约束条件$70<p\leqslant 100$的最优解只有一个,由此,我们计算了这个最优解(计算结果见表6.5)。由表6.5可知,在这种经销模式下,最优定价与最优进货量均大于0,由此验证了模型的有效性。此外,我们发现,优惠值α越大,最优定价p与最优进货量q成正比。由商品经营规律可知,如果需求量增加的幅度大于价格下降的幅度,那么总收益将增加。因此,随着α值增加,定价呈下降趋势,此时进货量增加,相应的零售商总收入增加,从而获得的期望利润也增加。

表6.5 直接折扣模式下的最优定价和最优进货量

α	p	q
0.5	96.68	8.89
1	96.48	9.13
1.5	96.27	9.36
2	96.07	9.6
2.5	95.86	9.85
3	95.65	10.09

数据来源:数值计算结果。

我们利用 Mathematica 8.0 的制图功能将表 6.5 推广到图 6.5。如图 6.5 所示,横轴表示定价 p,纵轴表示进货量 q。在直接折扣模式下,最优定价与最优进货量呈倒向的抛物线关系,抛物线呈向上趋势的最高点即为零售商的最优定价。因此,由 Pukelsheim[206] 的三西格玛准则可知,零售商对个人客户销售的产品定价在区间(86,90)内,零售商的利润可以达到现实状态下的最大化。此时,由最优化理论可知,零售商的利润达到最优。但是,如图 6.5 所示,如果产品定价在区间(70,71)内,进货量 q 的数值是负数,则不符合商品经营规律,此时零售商对该产品的销售是亏本的。

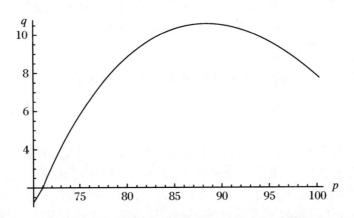

图 6.5 直接折扣模式下的零售商最优定价随最优进货量变化趋势图
数据来源:数值计算结果。

6.5.3.2 售出返利模式下的零售商—个人客户产品供应策略

设制造商在给定的批发价 w_0 的基础上对零售商每销售一个单位产品返利 β,而零售商的进货量为 q。若进货量大于需求量,即供大于求,则收入为 $(p+\beta)D_H$,其中 p 为零售商的零售价;若进货量小于需求量,即供不应求,则收入为 $(p+\beta)q$。与此同时,为了了解制造商对零售商再返利 β 对零售商的最优进货量和最优定价产生的影响,我们将对 β 在区间(0.5,3)内并以 0.5 递增进行数值计算。

运用 Mathematica 8.0 将设置的基本参数代入式(6.31)和式(6.34)进行求解,可得零售商的最优进货量和最优定价。

数值计算表明,在售出返利模式下,满足约束条件 $70<p\leqslant100$ 的最优解只有一个,由此,我们计算了这个最优解(计算结果见表 6.6)。由表 6.6 可知,在这种经销模式下,最优定价与最优进货量均大于 0,由此验证了模型的有效性。在这种经销模式下,返利值 β 越大,最优定价 p 与最优进货量 q 成正比。由商品经营规律可知,如果需求量增加的幅度大于价格下降的幅度,那么总收益将增加。因此,随着 β 值增加,定价呈下降趋势,此时进货量增加,相应的零售商总收入增加,从而获得的期望利润也增加。

表6.6 售出返利模式下的最优定价和最优进货量

β	p	q
0.5	96.69	8.84
1	96.5	9.03
1.5	96.29	9.21
2	96.1	9.4
2.5	95.9	9.58
3	95.71	9.77

数据来源:数值计算结果。

我们利用 Mathematica 8.0 的制图功能将表6.6推广到图6.6。如图6.6所示,横轴表示定价 p,纵轴表示进货量 q。在售出返利模式下,最优定价与最优进货量呈倒向的抛物线关系,零售商对个人客户销售的产品定价越低,进货量越高,抛物线呈向上趋势的最高点即为零售商的最优定价。因此,由 Pukelsheim[206] 的三西格玛准则可知,零售商对个人客户销售的产品定价在区间(86,90)内,零售商的利润可以达到现实状态下的最大化。此时,由最优化理论可知,零售商的利润达到最优。

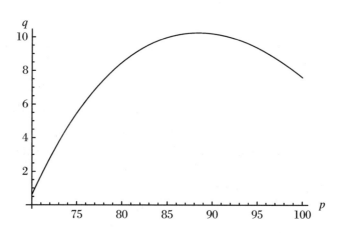

图6.6 售出返利模式下的零售商最优定价随最优进货量变化趋势图
数据来源:数值计算结果。

6.5.3.3 未售出回收模式下的零售商—个人客户产品供应策略

假设对于零售商未能销售出去的产品,制造商以折扣价进行回收。在这种情形下,零售商以单价 w_0 进货,进货量为 q。若需求量 D_H 大于进货量 q,则产品可以全部售出,设零售价为 p,零售商所得收入为 pq;若需求量 D_H 小于进货量 q,则在卖出数量为 D_H 的产品后,还剩下数量为 $q-D_H$ 的产品未能售出,对于这部分产品,制造商给予的回收价为每单位 γ,则收入为 $pD_H + \gamma(q-D_H)$。与此同时,为了了解制造商对零售商的回收价 γ 对零售商的最优进货量和最优定价产生的影响，我们将对 γ 在区间(64,69)内并以 1 递增进行数值计算。

运用 Mathematica 8.0 将设置的基本参数代入式(6.38)和式(6.41)进行求解，可得零售商的最优进货量和最优定价。

数值计算表明，在未售出回收模式下，满足约束条件 $70 < p \leqslant 100$ 的最优解只有一个，由此，我们计算了这个最优解(计算结果见表 6.7)。由表 6.7 可知，在这种经销模式下，最优定价与最优进货量均大于 0，由此验证了模型的有效性。此外，我们发现，回收价 γ 越大，最优定价 p 与最优进货量 q 成正比。由商品经营规律可知，如果需求量增加的幅度大于价格下降的幅度，那么总收益将增加。因此，随着 γ 值增加，定价呈下降趋势，此时进货量增加，相应的零售商总收入增加，从而获得的期望利润也增加。

表 6.7　未售出回收模式下的最优定价和最优进货量

γ	p	q
64	93.23	30.63
65	92.99	32.05
66	92.73	33.62
67	92.43	35.4
68	92.1	37.42
69	91.71	39.75

数据来源：数值计算结果。

我们利用 Mathematica 8.0 的制图功能将表 6.7 推广到图 6.7。如图 6.7 所示，横轴表示定价 p，纵轴表示进货量 q。在未售出回收模式下，最优定价与最优进货量呈抛物线关系，零售商对个人客户销售的产品定价越低，进货量越高，抛物线呈向上趋势的最高点即为零售商的最优定价。因此，由 Pukelsheim[206] 的三西格

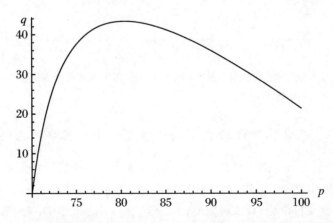

图 6.7　未售出回收模式下的零售商最优定价随最优进货量变化趋势图
数据来源：数值计算结果。

玛准则可知,零售商对个人客户销售的产品定价在区间(79,82)内,零售商的利润可以达到现实状态下的最大化。此时,由最优化理论可知,零售商的利润达到最优。

6.5.4 零售商—集团客户产品供应策略

6.5.4.1 直接折扣模式下的零售商—集团客户产品供应策略

假设制造商为了鼓励销售,对零售商批发的每个产品在批发价 w_0 的基础上再优惠 α,并且直接从进货款项中扣除,因此零售商实际所得产品的批发价为 $w_0 - \alpha$,而零售商给集团客户的零售价为 p,且打 d 折。此时,若零售商的进货量 $q \leqslant D_H$,则是供不应求的情况,所得的货均可卖出,那么零售商的收入为 dpq;若零售商的进货量 $q > D_H$,则是供大于求的情况,此时零售商销售产品的收入为 dpD_H。与此同时,为了了解制造商对零售商再优惠 α 对零售商的最优进货量、最优定价和最优折扣产生的影响,我们将对 α 在区间(0.5,3)内并以 0.5 递增进行数值计算。

运用 Mathematica 8.0 将表 6.5 的结果代入式(6.43)进行求解,可得零售商的最优折扣。

数值计算表明,在直接折扣模式下,满足约束条件 $70 < p \leqslant 100$ 的最优解只有一个,由此,我们计算了这个最优解(计算结果见表 6.8)。由表 6.8 可知,在这种经销模式下,最优定价、最优进货量和最优折扣均大于 0,由此验证了模型的有效性。此外,我们发现,优惠值 α 越大,最优定价 p 与最优进货量 q 成反比。由商品经营规律可知,如果需求量增加的幅度大于价格下降的幅度,那么总收益将增加。因此,随着 α 值增加,定价呈下降趋势,此时进货量增加,相应的零售商总收入增加,从而获得的期望利润也增加。

表 6.8 直接折扣模式下的最优定价、最优进货量和最优折扣

α	p	q	d
0.5	96.68	8.89	0.84
1	96.48	9.13	0.83
1.5	96.27	9.36	0.83
2	96.07	9.6	0.83
2.5	95.86	9.85	0.83
3	95.65	10.09	0.82

数据来源:数值计算结果。

我们利用 Mathematica 8.0 的制图功能将表 6.8 推广到图 6.8。上文中,图 6.5 中的横轴表示定价 p,纵轴表示进货量 q。图 6.8 的横轴表示折扣 d,纵轴表示进货量 q。综合图 6.5 和图 6.8 可以发现,在直接折扣模式下,最优定价与最优

进货量呈倒向的抛物线关系(图6.5),抛物线呈向上趋势的最高点即为零售商的最优定价。因此,由 Pukelsheim[206] 的三西格玛准则可知,零售商对个人客户销售的产品定价在区间(86,90)内,零售商的利润可以达到现实状态下的最大化。与此同时,如图6.8所示,零售商对集团客户的折扣在区间(0,0.8)内,进货量 q 的数值是负数,这表明零售商对该产品的销售是亏本的。因此,由利润最优原则可知,零售商对集团客户的折扣应该在区间(0.8,1)内,折扣值越接近1,所获得的利润越大。

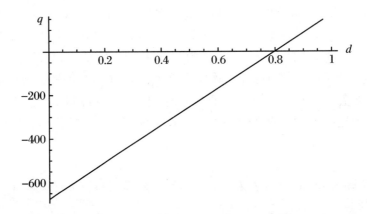

图6.8　直接折扣模式下的零售商最优折扣随最优进货量变化趋势图
数据来源:数值计算结果。

6.5.4.2　售出返利模式下的零售商—集团客户产品供应策略

假设制造商在给定的批发价 w_0 的基础上对零售商每销售一个单位产品返利 β,而零售商的进货量为 q。若进货量大于需求量,即供大于求,则收入为 $(dp+\beta)D_H$,其中 p 为零售商的零售价,dp 为给集团客户的折扣价;若进货量小于需求量,即供不应求,则收入为 $(dp+\beta)q$。与此同时,为了了解制造商对零售商再返利 β 对零售商的最优进货量、最优定价和最优折扣产生的影响,我们将对 β 在区间(0.5,3)内并以0.5递增进行数值计算。

运用 Mathematica 8.0 将表6.6的结果代入式(6.48)进行求解,可得零售商的最优折扣。

数值计算表明,在售出返利模式下,满足约束条件 $70 < p \leqslant 100$ 的最优解只有一个,由此,我们计算了这个最优解(计算结果见表6.9)。由表6.9可知,在这种经销模式下,最优定价、最优进货量和最优折扣均大于0,由此验证了模型的有效性。此外,我们发现,返利值 β 越大,最优定价 p 与最优进货量 q 成正比。由商品经营规律可知,如果需求量增加的幅度小于价格上升的幅度,那么总收益将增加。因此,随着 β 值增加,定价呈下降趋势,此时进货量增加,相应的零售商总收入增加,从而获得的期望利润也增加。

表 6.9　售出返利模式下的最优定价、最优进货量和最优折扣

β	p	q	d
0.5	96.42	0.05	0.72
1	96.22	0.05	0.72
1.5	96.02	0.05	0.71
2	95.82	0.05	0.71
2.5	95.61	0.05	0.71
3	95.42	0.06	0.7

数据来源：数值计算结果。

我们利用 Mathematica 8.0 的制图功能将表 6.9 推广到图 6.9。上文中，图 6.6 的横轴表示定价 p，纵轴表示进货量 q。图 6.9 的横轴表示折扣 d，纵轴表示进货量 q。综合图 6.6 和图 6.9 可以发现，在售出返利模式下，最优定价与最优进货量呈倒向的抛物线关系（图 6.6），零售商对个人客户销售的产品定价越低，进货量越高，抛物线呈向上趋势的最高点即为零售商的最优定价。因此，由 Pukelsheim[206] 的三西格玛准则可知，零售商对个人客户销售的产品定价在区间 $(86,90)$ 内，零售商的利润可以达到现实状态下的最大化。与此同时，如图 6.9 所示，零售商对集团客户的折扣在区间 $(0,0.72)$ 内，进货量 q 的数值是负数，这表明零售商对该产品的销售是亏本的。此时，由利润最优原则可知，零售商对集团客户的折扣应该在区间 $(0.72,1)$ 内，折扣值越接近 1，所获得的利润越大。

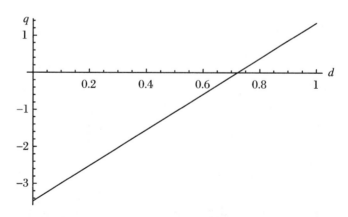

图 6.9　售出返利模式下的零售商最优折扣随最优进货量变化趋势图
数据来源：数值计算结果。

6.5.4.3　未售出回收模式下的零售商—集团客户产品供应策略

假设对于零售商未能销售出去的产品，制造商以折扣价进行回收。在这种情形下，零售商以单价 w_0 进货，进货量为 q。若需求量 D_H 大于进货量 q，则产品可以全部售出，设零售价为 p，对集团客户打 d 折，零售商所得收入为 dpq；若需求量

D_H 小于进货量 q,则在卖出数量为 D_H 的产品后,还剩下数量为 $q-D_H$ 的产品未能售出,对于这部分产品,制造商给予的回收价为每单位 γ,则收入为 $dpD_H + \gamma(q-D_H)$。与此同时,为了了解制造商对零售商的回收价 γ 对零售商的最优进货量、最优定价和最优折扣产生的影响,我们将对 γ 在区间(64,69)内并以 1 递增进行数值计算。

运用 Mathematica 8.0 将表 6.7 的结果代入式(6.53)进行求解,可得零售商的最优折扣。

数值计算表明,在未售出回收模式下,满足约束条件 $70<p\leqslant 100$ 的最优解只有一个,由此,我们计算了这个最优解(计算结果见表6.10)。由表 6.10 可知,在这种经销模式下,最优定价、最优进货量和最优折扣均大于 0,由此验证了模型的有效性。此外,我们发现,回收价 γ 越大,最优定价 p 与最优进货量 q 成正比。由商品经营规律可知,如果需求量增加的幅度大于价格下降的幅度,那么总收益将增加。因此,随着 γ 值增加,定价呈下降趋势,此时进货量增加,相应的零售商总收入增加,从而获得的期望利润也增加。

表 6.10 未售出回收模式下的最优定价、最优进货量和最优折扣

γ	p	q	d
64	93.23	30.63	0.79
65	92.99	32.05	0.79
66	92.73	33.62	0.79
67	92.43	35.4	0.78
68	92.1	37.42	0.78
69	91.71	39.75	0.77

数据来源:数值计算结果。

我们利用 Mathematica 8.0 的制图功能将表 6.10 推广到图 6.10。上文中,图 6.7 的横轴表示定价 p,纵轴表示进货量 q。图 6.10 的横轴表示折扣 d,纵轴表示进货量 q。综合图 6.7 和图 6.10 可以发现,在未售出回收模式下,最优定价与最优进货量呈抛物线关系(图 6.7),零售商对个人客户销售的产品定价越低,进货量越高,抛物线呈向上趋势的最高点即为零售商的最优定价。因此,由 Pukelsheim[206] 的三西格玛准则可知,零售商对个人客户销售的产品定价在区间(79,82)内,零售商的利润可以达到现实状态下的最大化。与此同时,如图 6.10 所示,制造商对集团客户的折扣在区间(0,0.76)内,进货量 q 的数值是负数,这不符合商品经营规律,表明零售商对该产品的销售是亏本的。此时,由利润最优原则可知,零售商对集团客户的折扣应该在区间(0.76,1)内,折扣值越接近 1,所获得的利润越大。

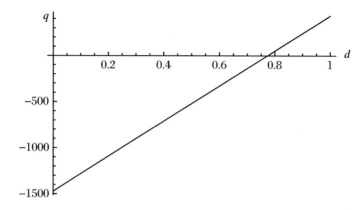

图 6.10　未售出回收模式下的零售商最优折扣随最优进货量变化趋势图
数据来源：数值计算结果。

第 7 章　研究总结、创新与展望

　　本章将对全书进行系统的归纳、总结,主要分为两个部分:第一部分,对全书进行总结,并提出本书的创新点。第二部分,分析全书的研究局限,并提出未来的研究方向。

7.1　研 究 总 结

　　供需关系理论表明,需求是商品经济中产品存在的原因,深入了解消费者的偏好和消费者对产品和服务的需求有哪些,通过数据分析掌握消费者对产品需求的强度和变化情况,从而预计产品或服务在不同价格下的需求强度和需求量对企业来说至关重要。我们认为,满足消费者需求的关键在于研究产品背后的需求属性,找出该需求属性的特质,从而根据这个特质制定产品的最优供应策略。

　　进入 21 世纪以来,工业技术、信息技术、管理制度的创新带来了社会生产力的发展,互联网+、物联网+、云计算、人工智能等推动了新一轮科技革命和产业变革。科技的进步不仅带来了人们生产、生活方式的转变,也使人们的需求由解决温饱问题变成了满足精神需要。因此,这一时期探寻顾客需求对企业来说是一个巨大的挑战。一方面,企业需要不断进行科技创新,研发新产品,生产和销售满足顾客需求的产品。另一方面,企业也需要根据顾客需求的变化调整产品的生产量和销售量,通过寻找供大于求和供小于求两者之间的均衡点,努力实现产品利润最优。在这样的机遇和挑战下,制造商和零售商如何根据顾客需求的不同模式针对个人客户和集团客户制定产品供应策略显得非常重要。本书针对这一问题建立了理论模型,并通过理论分析、子模型构建和算例分析等手段深入地研究了这个模型。

　　本书的主要结论如下:

1. 构建不同需求模式下的制造商—个人客户产品供应策略模型

　　首先,我们以制造商将产品直销给个人客户这种供应模式为背景,通过考虑顾客需求的三种不同模式和市场均衡的两种情况,构建基于本质需求模式的制造商—个人客户产品供应策略模型、基于非本质需求模式的制造商—个人客户产品供应策略模型和基于中间需求模式的制造商—个人客户产品供应策略模型。然后运用概率论中的数学期望公式和最优化方法分别探讨这三个模型在直接折扣和未售出处理两种经销模式下的最优生产量和最优定价。最后,通过算例分析验证了这三个模型的有效性,并根据最优化原理将算例分析结果推广到这三种需求模式下实现产品利润最优的定价值。

2. 构建不同需求模式下的制造商—集团客户产品供应策略模型

首先,我们以制造商将产品直销给集团客户这种供应模式为背景,通过在制造商直销个人客户的基础上增加一个决策变量 d,进而考虑顾客需求的三种不同模式和市场均衡的两种情况,构建基于本质需求模式的制造商—集团客户产品供应策略模型、基于非本质需求模式的制造商—集团客户产品供应策略模型和基于中间需求模式的制造商—集团客户产品供应策略模型。然后,运用概率论中的数学期望公式和最优化方法分别探讨这三个模型在直接折扣和未售出处理两种经销模式下的最优生产量、最优定价和最优折扣。最后,通过算例分析验证了这三个模型的有效性,并根据最优化原理将算例分析结果推广到这三种需求模式下实现产品利润最优的定价值。

3. 构建不同需求模式下的零售商—个人客户产品供应策略模型

首先,我们以制造商将产品批发给零售商,零售商销售给个人客户这种供应模式为背景,通过考虑顾客需求的三种不同模式和市场均衡的两种情况,构建基于本质需求模式的零售商—个人客户产品供应策略模型、基于非本质需求模式的零售商—个人客户产品供应策略模型和基于中间需求模式的零售商—个人客户产品供应策略模型。然后,运用概率论中的数学期望公式和最优化方法分别探讨这三个模型在直接折扣、售出返利和未售出回收三种经销模式下的最优进货量和最优定价。最后,通过算例分析验证了这三个模型的有效性,并根据最优化原理将算例分析结果推广到这三种需求模式下实现产品利润最优的定价值。

4. 构建不同需求模式下的零售商—集团客户产品供应策略模型

首先,我们以制造商将产品批发给零售商,零售商销售给集团客户这种供应模式为背景,通过在零售商销售给个人客户的基础上增加一个决策变量 d,进而考虑顾客需求的三种不同模式和市场均衡的两种情况,构建基于本质需求模式的零售商—集团客户产品供应策略模型、基于非本质需求模式的零售商—集团客户产品供应策略模型和基于中间需求模式的零售商—集团客户产品供应策略模型。然后,运用概率论中的数学期望公式和最优化方法分别探讨这三个模型在直接折扣、售出返利和未售出回收三种经销模式下的最优进货量、最优定价和最优折扣。最后,通过算例分析验证了这三个模型的有效性,并根据最优化原理将算例分析结果推广到这三种需求模式下实现产品利润最优的定价值。

7.2 研究创新

消费者心理效应对顾客需求的影响已成为消费品供应链领域产品销售模式的常态。不同需求模式下的产品供应战略对供应链管理有着重大影响。成功的产品供应战略的核心目标是确定消费者心理效应影响客户需求的机制。正如供求理论所言,应形成需求推动供给、供给创造需求的更高层次的动态平衡[1]。这一问题的实质是制造商或零售商如何通过寻找不同需求模式下个人客户和集团客户的最优定价和最优销售量来实现产品的最优利润。

本书利用需求函数和产品定价函数的相关文献,构建了用于识别消费品需求属性的取值范围和需求函数图,并建立了三个数学模型,研究在本质需求、中间需求、非本质需求三种不同的需求模式下,影响制造商和零售商针对不同类型的客户制定产品供应策略的因素,并求解利润最大化的问题。研究成果有助于制造商和零售商根据不同类型的客户和不同的需求模式制定不同的供应策略,从而提高经营业绩。研究结果进一步解释了商品成本、需求和商品定价之间的关系,对研究消费者心理效应影响消费者购买决策具有重要意义,并可进一步为各行业制造商和零售商提供有益的参考。

本书研究涉及马克思主义哲学、管理学、微观经济学与数学等多个学科,具有较强的理论和实践意义。其研究结果不仅能促进需求导向下的产品营销与决策等相关理论的发展,而且对企业运营管理具有较强的推动作用。在实践中,企业可以通过本书构建的模型实现精准营销,有效地扩大产品的销售,并合理地限制产品的成本,从而达到利润最优的目的。

本书的主要创新点体现在以下几个方面:

第一,顾客需求的研究一直是企业运营管理的热点话题之一,管理实践也已经证明消费品供应链领域中顾客需求存在多个层次,但是从目前所能查阅的文献来看,现有研究并没有包含关于顾客需求层次的相关成果。因此,本书根据 Mills[181]的需求函数的加法形式研究及陈圻和王强[196]的效能函数研究,将需求函数推广到本质需求函数、非本质需求函数和中间需求函数的取值范围、图像显示和函数表达式,这是全新的、具有开创性的成果。

第二,本书基于这三种需求模式的函数表达式和制造商、零售商的利润函数表达式,分别构建了这三种需求模式下的制造商和零售商产品供应策略的数学模型,进一步探讨了制造商在直接折扣模式和未售出处理模式两种经销模式下及零售商在直接折扣模式、售出返利模式和未售出回收三种经销模式下的产品供应策略。并通过数值算例验证了实现产品利润最优的最优定价和最优生产(销售)策略,从而揭示了三种不同需求模式下企业的产品运营决策的内在机理。

第三,本书对不同需求模式下的产品供应策略这一具有重要现实意义的问题进行建模和分析,刻画制造商和零售商在不同需求模式下的最优产品供应策略,同时构建了制造商和零售商在不同经销模式下的数学模型,并以大量的数值计算支持理论分析的结果。本书的建模和分析过程可为企业经营者提供科学的决策参考依据和有益的管理启示。

总体来说,本书的核心创新点如下:

本书通过 Mills[181] 的需求函数的加法形式研究及陈圻和王强[196] 的效能函数研究将需求函数推广到本质需求函数、非本质需求函数和中间需求函数的取值范围、图像显示和函数表达式。在不同需求模式函数的基础上,我们首先对不同需求模式下的制造商和零售商产品供应策略这一具有重要现实意义的问题进行建模和分析,分别探讨制造商—个人客户、制造商—集团客户、零售商—个人客户、零售商—集团客户在本质需求模式、非本质需求模式和中间需求模式下的最优产品供应策略。然后,运用概率论中的数学期望公式和最优化方法分别探讨 12 个子模型在直接折扣、售出返利和未售出回收(处理)模式下的最优生产量(进货量)、最优定价和最优折扣(让利)。最后,运用 Mathematica 8.0 软件进行大量的数值计算来支持和验证理论分析的结果,并利用数值计算结果确定制造商和零售商的最优定价取值范围,从而揭示三种不同需求模式下企业的产品运营决策的内在机理。

本书既重视数学模型的构建,以取得理论上的突破,又重视利用研究结果为制造商和零售商在不同需求模式下制定产品供应策略提供科学的决策参考依据,从而实现制造商和零售商的产品利润最优。因此,本书将需求理论应用于市场营销和供应链战略领域,具有较强的理论创新价值。

7.3 研究展望

长期以来,消费品供应链领域的顾客需求一直是个热门话题,在工业界和管理学界都受到了广泛的关注。但是,我们发现现有研究都是需求不确定性下的成果,忽略了管理实践中真实存在的顾客需求的三种不同模式:本质需求模式、非本质需求模式和中间需求模式。本书正是对这三种不同需求模式下的制造商和零售商产品供应策略进行研究,通过考虑直接折扣、售出返利和未售出回收(处理)模式下制造商和零售商的最优生产量(进货量)、最优定价和最优折扣(让利),得到一些有管理价值的营销策略结果。但由于我们的认识与能力不足,仍然存在一些有价值的问题可以进行讨论和扩展研究,主要包括:

从需求函数的建模角度来看,本书采用需求函数的加法形式进行建模,在未来的研究中,我们可以采用需求函数的乘法形式进行建模,通过比较两种类型的利润函数模型,了解加法形式的需求函数与乘法形式的需求函数之间的差异,从而进一步完善消费品供应链中不同需求模式的理论研究。

从需求函数的取值范围来看,本书设 ε 为在区间 $[-(a-bp),a-bp]$ 内服从均匀分布的函数,在未来的研究中,我们可以设 ε 为服从正态分布的函数,通过比较和分析两种类型的利润函数结果,探讨利润函数服从正态分布和均匀分布对产品供应决策的影响。

从模型求解的过程来看,本书采用一阶求导的方式得到模型的最优解。在未来的研究中,我们可以采用海森矩阵(Hessian Matrix)的求解方法对三个决策变量求最优解,为制造商和零售商提供更科学和更严谨的产品供应策略决策依据。

从模型的实际效用来看,本书的模型是在理想化条件下创建的,而实际情况可能会有所不同。正如前文所述的顾客购买衣服的案例中,学者们普遍认为影响顾客购买行为的心理因素有七个:电子商务中的产品推荐[207]、网站上的产品图片[208]、物质价值观[209]、环境-心理因素[210]、沉思戏剧表演[211]、社会外观表现力[212]和消费者民族中心主义[213]。每个因素都有不同的变量,会导致不同的结果。我们将在后期根据市场中具体行业的实际情况对模型进行改进,以获得更加真实、实用的结果。

参 考 文 献

[1] 中共中央宣传部.习近平新时代中国特色社会主义思想学习问答[M].北京:学习出版社,2021.
[2] 马克思,恩格斯.德意志意识形态[M].中共中央马克思恩格斯列宁斯大林著作编译局,译.北京:人民出版社,2018.
[3] 朱正清.马克思的供求理论与价格理论[J].当代经济研究,1997(3):44-47.
[4] 关立新,王博,郑磊.马克思"世界历史"理论与经济全球化指向[M].北京:中央编译出版社,2013.
[5] 赵学清.马克思《1857—1858年经济学手稿》研究读本[M].北京:中央编译出版社,2017.
[6] 任红梅,岳宏志.马克思供给需求理论:一个文献综述[J].西安财经学院学报,2015,28(3):101-106.
[7] 任红梅.马克思经济学与西方经济学供给需求理论的比较研究[J].西安财经学院学报,2016,29(6):10-15.
[8] 薛进军.马克思的供给和需求理论新探[J].陕西师范大学学报(哲学社会科学版),1986(4):22-31.
[9] 戴明亮.需求经济学[M].北京:中国发展出版社,2015.
[10] 菲利普·科特勒,凯文·莱恩·凯勒.营销管理[M].王永贵,于洪彦,陈荣,等译.北京:中国人民大学出版社,2010.
[11] Nogami S. Marketing Yogo Zukan[M]. Tokyo:Shinsei Publishing Co. Ltd. ,2018.
[12] Davenport H J. Outlines of Economic Theory[M]. New York:Macmillan,1896.
[13] Taylor W L. A New Presentation of Economic Theory[J]. Journal of Political Economy,1897,5(4):518-528.
[14] Maslow A H. A Theory of Human Motivation[J]. Psychological Review,1943,50(4):370-396.
[15] Marcuse H. One-Dimensional Man[M]. London:Routledge Press,1991.
[16] Fromm E. The Sane Society[M]. London:Routledge Press,1991.
[17] Barry M,Goldman D L S. The Psychology of Negotiations in the 21st Century Workplace[M]. London:Routledge Press,2012.
[18] Alderfer C P. An Empirical Test of a New Theory of Human Needs[J]. Organizational Behavior and Human Performance,1969,4(2):142-175.
[19] 弗雷德里克·赫茨伯格,伯纳德·莫斯纳,巴巴拉·斯奈德曼.赫茨伯格的双因素理论[M].张湛,译.北京:中国人民大学出版社,2009.

[20] Morley C, Roselló J, Santana-Gallego M. Gravity Models for Tourism Demand: Theory and Use[J]. Annals of Tourism Research, 2014, 48: 1-10.

[21] San-José L A, Sicilia J, Alcaide-López-de-Pablo D. An Inventory System with Demand Dependent on Both Time and Price Assuming Backlogged Shortages[J]. European Journal of Operational Research, 2018, 270(3): 889-897.

[22] 王波, 刘秋平. 采购与供应管理[M]. 北京: 北京大学出版社, 2008.

[23] 施先亮. 供应链管理[M]. 北京: 高等教育出版社, 2018.

[24] 丁任重, 李标. 供给侧结构性改革的马克思主义政治经济学分析[J]. 中国经济问题, 2017(1): 3-10.

[25] 宫春艳. 市场营销学[M]. 成都: 西南财经大学出版社, 2016.

[26] 方建华. 微信营销与运营解密[M]. 北京: 机械工业出版社, 2014.

[27] Chernonog T, Avinadav T, Ben-Zvi T. How to Set Price and Quality in a Supply Chain of Virtual Products Under Bi-Criteria and Risk Consideration[J]. International Journal of Production Economics, 2019, 209: 156-163.

[28] Boer A V, Keskin N B. Discontinuous Demand Functions: Estimation and Pricing[J]. Management Science, 2020, 66(10): 4516-4534.

[29] Becker L, Jaakkola E. Customer Experience: Fundamental Premises and Implications for Research[J]. Journal of the Academy of Marketing Science, 2020, 48: 630-648.

[30] Wallpach S V, Hemetsberger A, Thomsen T U, et al. Moments of Luxury: A Qualitative Account of the Experiential Essence of Luxury[J]. Journal of Business Research, 2020, 116: 491-502.

[31] 徐宗本, 冯芷艳, 郭迅华, 等. 大数据驱动的管理与决策前沿课题[J]. 管理世界, 2014(11): 158-163.

[32] Guo Y, Zhang K, Wang C. Way to Success: Understanding Top Streamer's Popularity and Influence from the Perspective of Source Characteristics[J]. Journal of Retailing and Consumer Services, 2022, 64: 102786.

[33] Zhou M, Huang J L, Wu K, et al. Characterizing Chinese Consumers' Intention to Use Live E-Commerce Shopping[J]. Technology in Society, 2021, 67: 101767.

[34] Yang L, Xu M, Xing L. Exploring the Core Factors of Online Purchase Decisions by Building an E-Commerce Network Evolution Model[J]. Journal of Retailing and Consumer Services, 2022, 64: 102784.

[35] Lu B, Chen Z. Live Streaming Commerce and Consumers' Purchase Intention: An Uncertainty Reduction Perspective[J]. Information & Management, 2021, 58(7): 103509.

[36] Floyd K, Freling R, Alhoqail S, et al. How Online Product Reviews Affect Retail Sales: A Meta-Analysis[J]. Journal of Retailing, 2014, 90(2): 217-232.

[37] Lusk J L. Consumer Research with Big Data: Applications from the Food Demand Survey (FooDS)[J]. American Journal of Agricultural Economics, 2017, 99(2): 303-320.

[38] 兰俏枝, 高德步. 基于"虚假需求"理论的当代资本主义批判[J]. 人民论坛·学术前沿, 2018(6): 92-95.

[39] 张泓铭. 产能过剩的马克思主义经济学解释: 兼论解决之道的需求导向分析[J]. 毛泽东邓小平理论研究, 2018(6): 49-55.

[40] Miller. Material Culture and Mass Consumption[M]. New Jersey: Blackwell, 1987.

[41] Crawford M. The World in a Shopping Mall[C]//Sorkin M. Variations on a Theme Park: The New American City and the End of Public Space. New York: Hill & Wang, 2004.

[42] Craig N, DeHoratius N, Raman A. The Impact of Supplier Inventory Service Level on Retailer Demand[J]. Manufacturing & Service Operations Management, 2016, 18(4): 461-474.

[43] 张甲华. 产品战略规划[M]. 北京: 清华大学出版社, 2014.

[44] Jiao W, Zhang J L, Yan H. The Stochastic Lot-Sizing Problem with Quantity Discounts[J]. Computers and Operations Research, 2017, 80: 1-10.

[45] 刘迎华, 鹿彦, 张立俭. 微观经济学[M]. 北京: 清华大学出版社, 2013.

[46] 刘树杰. 价格机制、价格形成机制及供求与价格的关系[J]. 中国物价, 2013(7): 69-73.

[47] 赵凌云. 经济学数学化的是与非[J]. 经济学家, 1999(1): 84-89.

[48] 高广宇. 可以量化的经济学[M]. 北京: 经济日报出版社, 2017.

[49] 蒂莫西·泰勒. 斯坦福极简经济学[M]. 林隆全, 译. 长沙: 湖南人民出版社, 2015.

[50] 陆雄文. 管理学大辞典[M]. 上海: 上海辞书出版社, 2013.

[51] 肖岚. 西方经济学[M]. 成都: 西南财经大学出版社, 2017.

[52] Richardson F C, Fowers B J. Interpretive Social Science: An Overview[J]. American Behavioral Scientist, 1998, 41(4): 465-495.

[53] Calabrò A, Vecchiarini M, Gast J, et al. Innovation in Family Firms: A Systematic Literature Review and Guidance for Future Research[J]. International Journal of Management Reviews, 2019, 21(3): 317-355.

[54] Alasseri R, Rao T J, Sreekanth K J. Conceptual Framework for Introducing Incentive-Based Demand Response Programs for Retail Electricity Markets[J]. Energy Strategy Reviews, 2018, 19: 44-62.

[55] Yang C, Meng C, Zhou K. Residential Electricity Pricing in China: The Context of Price-Based Demand Response[J]. Renewable and Sustainable Energy Reviews, 2018, 81(2): 2870-2878.

[56] Elhafsi M, Hamouda E. Managing an Integrated Production and Inventory System Selling to a Dual Market: Long-Term and Walk-in[J]. European Journal of Operational Research, 2018, 268(1): 215-230.

[57] See-To E W K, Ngai E W T. Customer Reviews for Demand Distribution and Sales Nowcasting: A Big Data Approach[J]. Annals of Operations Research, 2018, 270(1-2): 415-431.

[58] Tang C, Yang H, Cao E, et al. Channel Competition and Coordination of a Dual-Channel Supply Chain with Demand and Cost Disruptions[J]. Applied Economics, 2018, 50(46-48): 4999-5016.

[59] 慕艳芬, 聂佳佳, 石纯来. 市场需求和成本信息不对称对制造商开通直销渠道的影响[J]. 管理评论, 2018, 30(9): 143-151.

[60] 邓旭东, 黎婷, 马云峰, 等. 基于不确定需求的货位分配策略[J/OL]. 中国管理科学, 2022(13): 1-12[2023-11-01]. https://doi.org/10.16381/j.cnki.issn1003-207x.2022.0791.

[61] Li C, Lim A. A Greedy Aggregation-Decomposition Method for Intermittent Demand Forecasting in Fashion Retailing[J]. European Journal of Operational Research, 2018, 269(3): 860-869.

[62] 张志远,叶涛锋.考虑不同计费方式的 SaaS 服务供应商定价策略[J/OL].中国管理科学,2023(13):1-11[2023-11-01].https://doi.org/10.16381/j.cnki.issn1003-207x.2021.1622.

[63] Zhang P,He Y,Zhao X. "Preorder-Online,Pickup-in-Store" Strategy for a Dual-Channel Retailer[J]. Transportation Research Part E: Logistics and Transportation Review,2019,122:27-47.

[64] Bell D R,Gallino S,Moreno A. Offline Showrooms in Omnichannel Retail: Demand and Operational Benefits[J]. Management Science: Journal of the Institute of Management Sciences,2018,64(4):1629-1651.

[65] Polotski V, Jean-Pierre K, Gharbi A. Production Control of Hybrid Manufacturing: Remanufacturing Systems Under Demand and Return Variations[J]. International Journal of Production Research,2019,57(1):100-123.

[66] Heydari J,Asl-Najafi J. A Revised Sales Rebate Contract with Effort-Dependent Demand: A Channel Coordination Approach[J]. International Transactions in Operational Research,2018,28(1):438-469.

[67] Kim J, Chung B D, Kang Y, et al. Robust Optimization Model for Closed-Loop Supply Chain Planning Under Reverse Logistics Flow and Demand Uncertainty[J]. Journal of Cleaner Production,2018,196(1704):1314-1328.

[68] Sazvar Z,Rahmani M,Govindan K. A Sustainable Supply Chain for Organic,Conventional Agro-Food Products: The Role of Demand Substitution,Climate Change and Public Health[J]. Journal of Cleaner Production,2018,194:564-583.

[69] Moradi A,Razmi J,Babazadeh R,et al. An Integrated Principal Component Analysis and Multi-Objective Mathematical Programming Approach to Agile Supply Chain Network Design Under Uncertainty[J]. Journal of Industrial and Management Optimization,2018,15(2):855-879.

[70] 陈永辉,孟子良,曾燕.基于零售商异质性的贸易信用贷款定价与供应链金融模式选择[J].系统工程理论与实践,2018,38(10):2479-2490.

[71] 潘林,周水银,马士华.供应链环境下零售商互补产品捆绑销售决策研究[J].管理工程学报,2018,32(4):118-125.

[72] 王玉燕,于兆青.考虑网络平台服务、消费者需求差异的混合供应链决策[J].系统工程理论与实践,2018,38(6):1465-1478.

[73] 杨洁,张欣,李登峰.考虑层级联盟的需求不确定联合采购成本分摊策略研究[EB/OL].[2023-11-02].https://www.taodocs.com/p-982774413.html.

[74] 冯春,蒋雪,周鑫昕,等.重大传染病疫情下基于服务水平的疫苗分配及储备研究[J/OL].管理工程学报,2013(2):1-11[2023-10-24].https://doi.org/10.13587/j.cnki.jieem.2024.02.017.

[75] 宋现敏,湛天舒,李海涛,等.考虑用户成本和泊位利用率的停车预约分配模型[J/OL].吉林大学学报(工学版),2023(3):1-10[2023-10-17].https://doi.org/10.13229/j.cnki.jdxbgxb.20230682.

[76] Zhang B. Precise Marketing of Precision Marketing Value Chain Process on the H Group Line Based on Big Data[J]. Journal of Intelligent & Fuzzy Systems,2018,35(3):2837-2845.

[77] Liu S Y. Precision Marketing Scheme Based on Integrating Spatio-Temporal Data Clustering

and Neural Network[J]. Journal of Physics:Conference Series,2018,1087(3):32014.

[78] Xu D,Zhang X,Feng H. Generalized Fuzzy Soft Sets Theory-Based Novel Hybrid Ensemble Credit Scoring Model[J]. International Journal of Finance & Economics,2019,24(2):903-921.

[79] 钱明辉,徐志轩.基于机器学习的消费者品牌决策偏好动态识别与效果验证研究[J].南开管理评论,2019,22(3):66-76.

[80] 李新明.第三方数据平台精准营销收费模式研究[J].运筹与管理,2019,28(4):109-117.

[81] 万平,李立状,娄峰,等.基于PSO-SVM的文本分类在保险精准营销中的应用[J].系统工程,2023,41(5):144-150.

[82] Jahani H,Abbasi B,Alavifard F,et al. Supply Chain Network Redesign with Demand and Price Uncertainty[J]. International Journal of Production Economics,2018,205:287-312.

[83] Zhang B,Duan D,Ma Y. Multi-Product Expedited Ordering with Demand Forecast Updates[J]. International Journal of Production Economics,2018,206:196-208.

[84] Xu H,Zhang K,Zhang J. Optimal Joint Bidding and Pricing of Profit-Seeking Load Serving Entity[J]. IEEE Transactions on Power Systems,2018,33(5):5427-5436.

[85] Chu H L,Chen Y L,Chiou Y Y. A Field Study of the Impact of Changes to a Net Sales-Based Incentive Plan and Centralized Inventory Management[J]. Asia-Pacific Journal of Accounting & Economics,2019,26(1-2):108-123.

[86] 孙艺萌,邱若臻,高亚楠.考虑价格和时间敏感性需求的两周期供应链鲁棒优化模型[J].工业工程,2021,24(6):93-101.

[87] 李新军,王利.双重供需关系下基于信息禀赋差异的均衡采购战略[J/OL].中国管理科学,2023(4):1-34[2023-11-02]. https://doi.org/10.16381/j.cnki.issn1003-207x.2023.0028.

[88] 卢小军,林军,孙连家.考虑需求不确定性和外部性的绿色新产品投资策略[J].系统工程,2023,41(4):29-38.

[89] Wang L,Fan H,Gong T. The Consumer Demand Estimating and Purchasing Strategies Optimizing of FMCG Retailers Based on Geographic Methods[J]. Sustainability,2018,10(2):466.

[90] Haddadsisakht A,Ryan S M. Closed-Loop Supply Chain Network Design with Multiple Transportation Modes Under Stochastic Demand and Uncertain Carbon Tax[J]. International Journal of Production Economics,2018,195:118-131.

[91] Ghosh D,Shah J,Swami S. Product Greening and Pricing Strategies of Firms Under Green Sensitive Consumer Demand and Environmental Regulations[J]. Annals of Operations Research,2020,290:491-520.

[92] 曹庆宁,杜嘉浩,余玉刚,等.基于供应链结构的共享折扣策略研究[J].管理学报,2022,19(3):423-432.

[93] 郭强,徐常皓,聂佳佳.绿色供应链中成本分担对制造商渠道入侵策略的影响[J].工业工程,2023,26(5):1-10.

[94] Wang Y,Lu X,Tan Y. Impact of Product Attributes on Customer Satisfaction:An Analysis of Online Reviews for Washing Machines[J]. Electronic Commerce Research & Applications,2018,29:1-11.

[95] Duarte P, Susana C E S, Ferreira M B. How Convenient Is It? Delivering Online Shopping Convenience to Enhance Customer Satisfaction and Encourage E-WOM[J]. Journal of Retailing and Consumer Services, 2018, 44(3):161-169.

[96] 杨森,乔魏若寒.品牌联名产品属性对消费者购买意愿的影响研究:基于消费者感知价值视角[J].技术经济,2023,42(5):201-212.

[97] 汪乐,宋杨,范体军.直播引入对双渠道零售的影响[J/OL].系统管理学报,2023(5):1-17[2023-11-06]. http://kns.cnki.net/kcms/detail/31.1977.N.20231103.1548.002.html.

[98] 马守宇,梁艳青,娄鹏辉,等.BOPS模式下考虑退货异质性及需求随机性的订购决策及供应链协调研究[J/OL].中国管理科学,2023(3):1-18[2023-11-06]. https://doi.org/10.16381/j.cnki.issn1003-207x.2023.0522.

[99] 毛照昉,袁锐莹,张清然.考虑捆绑销售的在线课程免费试听策略研究[J/OL].中国管理科学,2023(3):1-11[2023-11-06]. https://doi.org/10.16381/j.cnki.issn1003-207x.2022.2352.

[100] 王大澳,王欢,赵士南,等.互联网信用支付对零售商库存决策的影响研究[J/OL].中国管理科学,2023(3):1-12[2023-11-06]. https://doi.org/10.16381/j.cnki.issn1003-207x.2022.2230.

[101] Chan Y C, Fung K Y, Ng K M. Product Design:A Pricing Framework Accounting for Product Quality and Consumer Awareness[J]. AIChE Journal, 2018, 64(7):2462-2471.

[102] Li R, Teng J T. Pricing and Lot-Sizing Decisions for Perishable Goods When Demand Depends on Selling Price, Reference Price, Product Freshness, and Displayed Stocks[J]. European Journal of Operational Research, 2018, 270(3):1099-1108.

[103] Agi M, Soni H. Joint Pricing and Inventory Decisions for Perishable Products with Age-, Stock-, and Price-Dependent Demand Rate[J]. Journal of the Operational Research Society, 2019(3):1-15.

[104] Li H, Webster S, Mason N, et al. Winner:2017 M & SOM Practice-Based Research Competition:Product-Line Pricing Under Discrete Mixed Multinomial Logit Demand[J]. Manufacturing & Service Operations Management, 2018, 21(1):14-28.

[105] Jamali M B, Rasti-Barzoki M. A Game Theoretic Approach for Green and Non-Green Product Pricing in Chain-to-Chain Competitive Sustainable and Regular Dual-Channel Supply Chains[J]. Journal of Cleaner Production, 2018, 170(1):1029-1043.

[106] Hong Z, Wang H, Yu Y. Green Product Pricing with Non-Green Product Reference[J]. Transportation Research Part E:Logistics and Transportation Review, 2018, 115:1-15.

[107] Cohen M C, Lobel R, Perakis G. Dynamic Pricing Through Data Sampling[J]. Production and Operations Management, 2018, 27(6):1074-1088.

[108] Li L, Chi T, Hao T, et al. Customer Demand Analysis of the Electronic Commerce Supply Chain Using Big Data[J]. Annals of Operations Research, 2018, 268(1-2):113-128.

[109] Modak N M, Kelle P. Managing a Dual-Channel Supply Chain Under Price and Delivery-Time Dependent Stochastic Demand[J]. North-Holland, 2019, 272(1):147-161.

[110] Bárbara B V, Ventura J A. A Two-Stage Supply Chain Coordination Mechanism Considering Price Sensitive Demand and Quantity Discounts[J]. European Journal of Operational

Research,2018,264(2):524-533.

[111] 杨振华,孙正捷,刘茹,等.企业承担 SR 对技术授权与产品定价的影响[J].中国管理科学,2023,31(10):193-204.

[112] 王文杰,刘亚洲.渠道竞争下考虑零售商过度自信的供应链定价决策[J].管理学报,2023,20(10):1525-1535.

[113] 赵菊,章斌,闵杰.线上线下零售商的跨渠道合作退货策略研究[J].中国管理科学,2023,31(6):164-173.

[114] 胡娇,李莉,朱星圳,等.考虑消费者策略行为的全渠道两阶段广告投放与动态定价决策[J].运筹与管理,2023,32(8):114-121.

[115] 赵道致,冯慧中.考虑产能需求方交期和价格敏感的产能分享平台定价策略[J/OL].控制与决策,2023(7):1-8[2023-11-09].https://doi.org/10.13195/j.kzyjc.2022.0639.

[116] Oliveira E. Theoretical Foundations of the Finite Element Method[J]. International Journal of Solids and Structures,1970,4(10):929-952.

[117] Sutton R I,Staw B M. What Theory Is Not[J]. Administrative Science Quarterly,1995,40(3):371-384.

[118] 徐淑英,任兵,吕力.管理理论构建论文集[M].北京:北京大学出版社,2016.

[119] 陈晓萍,徐淑英,樊景立.组织与管理研究的实证方法[M].2 版.北京:北京大学出版社,2012.

[120] 仰海峰.从马克思到当代:历史、逻辑与问题意识[J].学术月刊,2023,55(7):5-13.

[121] 马克思,恩格斯.马克思恩格斯全集[M].中共中央马克思恩格斯列宁斯大林著作编译局,译.北京:人民出版社,2018.

[122] 张爱丰.消费哲学引论[D].北京:中共中央党校,2008.

[123] 任红梅.马克思供给需求理论视角下中国供给侧结构性改革研究[D].西安:西北大学,2018.

[124] 冉梨.供给侧结构性改革的理论创新研究[D].成都:西南财经大学,2021.

[125] 丁任重,李标.供给侧结构性改革的马克思主义政治经济学分析[J].中国经济问题,2017(1):3-10.

[126] Jiao W,Zhang J L,Yan H. The Stochastic Lot-Sizing Problem with Quantity Discounts[J]. Computers & Operations Research,2017,80:1-10.

[127] 理查德·M.西尔特,詹姆斯·马奇.企业行为理论[M].李强,译.2 版.北京:中国人民大学出版社,2008.

[128] Cyert R M,March J G. A Behavioral Theory of the Firm[J]. Social Science Electronic Publishing,1963,4(2):81-95.

[129] 余浩,程思慧,郑兰君,等.大数据环境下的企业行为理论研究脉络[J].科研管理,2018,39(S1):262-270.

[130] Simon H A. Administrative Behavior:A Study of Decision Making Process in Administrative Organization[M]. 4th ed. New York:Free Press,1997.

[131] 单东.现代企业制度的自然组成和人为组成[J].学术月刊,1995(8):55-59,106.

[132] Dai Y,Li N,Gu R,et al. Can China's Carbon Emissions Trading Rights Mechanism Transform Its Manufacturing Industry? Based on the Perspective of Enterprise Behavior[J]. Sustainability,2018,10(7):2421.

[133] 陈彪,郑美琪,单标安,等.数字情境下产品创新对新企业成长的影响[J/OL].管理学报,

2023(4):1-9[2023-11-16]. http://kns.cnki.net/kcms/detail/42.1725.C.20231109.2126.002.html.

[134] 林贵华,黄水华,陈拼博.外包情形下生鲜农产品供应链网络均衡模型[J/OL].系统科学学报,2024(4):92-101[2023-11-16]. http://kns.cnki.net/kcms/detail/14.1333.N.20231103.1624.030.html.

[135] 林晓刚,黄海玲,李文卓,等.混合销售模式下农产品电商的区块链提供策略研究[J/OL].中国管理科学,2023(3):1-15[2023-11-16]. https://doi.org/10.16381/j.cnki.issn1003-207x.2023.0117.

[136] Hicks J R. Value and Capital: An Inquiry into Some Fundamental Principles of Economic Theory[M]. Oxford: Oxford Clarendon Press, 1939.

[137] 蔡清而.均衡理论中的价格和利率:希克斯《价值与资本》一书述评[J].世界经济文汇,1989(5):68-73.

[138] 高鸿业.西方经济学:微观部分[M].6版.北京:中国人民大学出版社,2015.

[139] 曼昆.经济学原理[M].梁小民,译.3版.北京:机械工业出版社,2016.

[140] 保罗·萨缪尔森,威廉·诺德豪斯.经济学[M].萧琛,译.19版.北京:商务印书馆,2012.

[141] 茅于轼.什么决定价格?介绍一般均衡理论[J].科技导报,1993(8):19-21.

[142] Arutyunov A V, Zhukovskiy S E, Pavlova N G. Equilibrium Price as a Coincidence Point of Two Mappings[J]. Computational Mathematics and Mathematical Physics, 2013, 53(2):158-169.

[143] Tian G. On the Existence of Price Equilibrium in Economies with Excess Demand Functions[J]. Economic Theory Bulletin, 2016, 4(1):5-16.

[144] 冯庆水,张学威. Hotelling 模型均衡结果的重新推导[J].中国管理科学,2013,21(S1):86-91.

[145] 严磊,梅姝娥,仲伟俊,等.考虑网购偏好行为的双渠道广告与价格竞争策略[J].系统管理学报,2019,28(2):369-378.

[146] 黄毅祥,蒲勇健,熊艾伦,等.考虑消费者预期的电动汽车分时租赁市场价格竞争模型[J].中国管理科学,2020,28(5):212-220.

[147] 蔡祖国,谢潇莹,范莉莉.混合型线上销售商接入电商平台的动因及定价策略研究[J].管理学报,2022,19(5):731-739.

[148] 鄢章华,孔彬彬,刘蕾,等.考虑质量与参考效应的价格竞争模型研究[J].价格理论与实践,2023(8):124-130.

[149] 梁樑,杨锋,苟清龙.数据、模型与决策:管理科学的数学基础[M].北京:机械工业出版社,2017.

[150] 刘婧颖,张顺明.不确定环境下行为决策理论述评[J].系统工程,2015,33(2):110-117.

[151] Simon H A. Administrative Behavior: A Study of Decision-Making Process in Administrative Organization[M]. 4th ed. New York: Free Press, 1997.

[152] Neumann J V, Morgenstern O. Theory of Games and Economic Behavior[M]. Princeton: Princeton University Press, 1944.

[153] Creutzig F, Roy J, Lamb W F, et al. Towards Demand-Side Solutions for Mitigating Climate Change[J]. Nature Climate Change, 2018, 8(4):260-263.

[154] Liu W, Liu Y, Chen L, et al. Relationship Among Demand Updating, Decision-Making

Behaviours and Performance in Logistics Service Supply Chains: An Exploratory Study from China[J]. International Journal of Logistics Research and Applications, 2019, 22(4): 393-418.

[155] Rashidizadeh-Kermani H, Vahedipour-Dahraie M, Anvari-Moghaddam A, et al. Stochastic Risk-Constrained Decision-Making Approach for a Retailer in a Competitive Environment with Flexible Demand Side Resources[J]. International Transactions on Electrical Energy Systems, 2019, 29(2): 2719.

[156] Nematollahi M, Hosseini-Motlagh S M, Heydari J. Economic and Social Collaborative Decision-Making on Visit Interval and Service Level in a Two-Echelon Pharmaceutical Supply Chain[J]. Journal of Cleaner Production, 2017, 142: 3956-3969.

[157] 胡玉真, 王思睿, 左傲宇. 社区新零售背景下网格仓需求预测: 配送决策迭代优化研究[J/OL]. 中国管理科学, 2023(8): 1-13[2023-11-22]. https://doi.org/10.16381/j.cnki.issn1003-207x.2022.1251.

[158] Olhager J. Evolution of Operations Planning and Control: From Production to Supply Chains[J]. International Journal of Production Research, 2013, 51(23-24): 6836-6843.

[159] Goldratt E M. Theory of Constraints[M]. Creat Barrington: The North River Press, 1990.

[160] 周根贵. 供应链模型构建、优化与决策[M]. 北京: 中国财政经济出版社, 2017.

[161] Stein R E. The Theory of Constraints: Applications in Quality Manufacturing[M]. Boca Raton: CRC Press, 1997.

[162] Tsou C M. On the Strategy of Supply Chain Collaboration Based on Dynamic Inventory Target Level Management: A Theory of Constraint Perspective[J]. Applied Mathematical Modelling, 2013, 37(7): 5204-5214.

[163] Puche J, Ponte B, Costas J, et al. Systemic Approach to Supply Chain Management Through the Viable System Model and the Theory of Constraints[J]. production Planning & Control, 2016, 27(5): 421-430.

[164] Leng K, Shi W, Hu X, et al. Schedule of Supply Chain Management Project Based on TOC[J]. Journal of Intelligent & Fuzzy Systems, 2017, 33(5): 2801-2809.

[165] 杨宏林, 谢峥, 王静茹, 等. 需求信息更新下资金约束供应链贸易信贷定价及订购决策[J]. 运筹与管理, 2021, 30(5): 134-139.

[166] 朱江华, 张旭梅, 但斌, 等. 不确定需求下考虑资金约束的生鲜农产品政府补贴策略[J]. 中国管理科学, 2022, 30(8): 231-242.

[167] 李永飞, 魏松波, 董焕焕. 随机需求和收益共享契约约束下的供应链协调问题研究[J]. 统计与决策, 2022, 38(1): 179-183.

[168] 史雁军. 客户管理[M]. 北京: 清华大学出版社, 2012.

[169] Boyd H W, Walker O C, Larreche J C. Marketing Management: A Strategic Approach with a Global Orientation[M]. Chicago: Irwin Professional Publishing, 1998.

[170] Armstrong G, Adam S, Denize S, et al. Principles of Marketing[M]. New York: Pearson Australia, 2014.

[171] 吴长顺, 朱玲. 营销组合4P范式的不可替代性[J]. 科技管理研究, 2007(6): 215-217.

[172] 赵守香, 徐天宇, 刘蓓琳. 电子商务业务处理技术[M]. 北京: 航空工业出版社, 2008.

[173] 李高伟, 王瑶. 营销策划[M]. 北京: 中国财政经济出版社, 2013.

[174] Strahilevitz M. The Effects of Product Type and Donation Magnitude on Willingness to Pay

More for a Charity-Linked Brand[J]. Journal of Consumer Psychology,1999,8(3):215-241.

[175] Park C W, Moon B J. The Relationship Between Product Involvement and Product Knowledge: Moderating Roles of Product Type and Product Knowledge Type[J]. Psychology & Marketing,2003,20(11):977-997.

[176] Ang S H, Lim E A C. The Influence of Metaphors and Product Type on Brand Personality Perceptions and Attitudes[J]. Journal of Advertising,2006,35(2):39-53.

[177] Yurova Y, Rippé C B, Weisfeld-Spolter S,et al. Not All Adaptive Selling to Omni-Consumers Is Influential:The Moderating Effect of Product Type[J]. Journal of Retailing and Consumer Services,2017,34:271-277.

[178] 谭忠.数学建模:问题、方法与案例分析[M].北京:高等教育出版社,2018.

[179] Whitin T M. Inventory Control and Price Theory[J]. Management Science,1955,2(1):61-68.

[180] Petruzzi N C, Dada M. Pricing and the Newsvendor Problem:A Review with Extensions [J]. Operations Research,1999,47(2):183-194.

[181] Mills E S. Uncertainty and Price Theory[J]. The Quarterly Journal of Economics,1959,73(1):116-130.

[182] Karlin S, Carr C R. Prices and Optimal Inventory Policy[J]. Arrow Karlin & Scarf Studies in Applied Probability & Management Science,1962,1:159-172.

[183] 周小川.数学规划与经济分析[M].北京:中国金融出版社,2019.

[184] Chong E K P, Zak S H.最优化导论[M].孙志强,白圣健,郑永斌,等译.4版.北京:电子工业出版社,2021.

[185] Gnedenko B V. The Theory of Probability[M]. New York:Routledge,2018.

[186] Guo D, Xiang K. Seeing Theory[EB/OL].(2022-12-21)[2023-02-16]. https://seeing-theory.brown.edu/basic-probability/cn.html.

[187] 陈菲琼.微观经济学[M].北京:清华大学出版社,2004.

[188] Chen M C, Wu H P. An Association-Based Clustering Approach to Order Batching Considering Customer Demand Patterns[J]. Omega,2005,33(4):333-343.

[189] Azevedo E M, Weyl E G. Matching Markets in the Digital Age[J]. Science,2016,352(6289):1056-1057.

[190] Canyakmaz C, Ozekici S, Karaesmen F. An Inventory Model Where Customer Demand Is Dependent on a Stochastic Price Process[J]. International Journal of Production Economics,2019,212(6):139-152.

[191] Liu H, Liu X, Islam S M N,et al. Customer Demand-Driven Low-Carbon Vehicles Combined Strategy and Route Optimization Integrated Decision[J]. Scientific Reports,2021,11:18483.

[192] Kück M, Freitag F. Forecasting of Customer Demands for Production Planning by Local K-Nearest Neighbor Models[J]. International Journal of Production Economics,2021,231:107837.

[193] Min J, Zhou Y W, Zhao J. An Inventory Model for Deteriorating Items Under Stock-Dependent Demand and Two-Level Trade Credit[J]. Applied Mathematical Modelling,2010,34(11):3273-3285.

[194] Liao H, Deng Q. EES-EOQ Model with Uncertain Acquisition Quantity and Market

Demand in Dedicated or Combined Manufacturing Systems[J]. Applied Mathematical Modelling,2018,64:135-167.

[195] Takemura R. Economic Reasoning with Demand and Supply Graphs[J]. Mathematical Social Sciences,2020,103:25-35.

[196] 陈圻,王强.基于产品功能演化与创新的伯川德均衡模型[J].系统工程,2012,30(2):9-14.

[197] Zhuo Z Y,Chen S H,Yan H,et al. Models for Retailers' Supply Strategies Aimed at Individual Customers Under the Essential Demand Pattern[J]. Chiang Mai Journal of Science,2021,48(1):263-275.

[198] Zhuo Z Y,Chen S H,Chau K Y. A New Model of Manufacturer's Optimal Product Supply Strategy in the Context of Precision Marketing:Based on Real Demand Pattern [J]. Mathematical Problems in Engineering,2020,60(15):11.

[199] Zhuo Z Y,Chau K Y,Huang S Z,et al. Mathematical Modelling of Optimal Product Supply Strategies for Manufacturer-to-Group Customers Based on Semi-Real Demand Patterns[J]. International Journal of Engineering Business Management,2020,12:1-8.

[200] 卓志毅,何跃,阎洪.构建中间需求模式的制造商最优产品供应策略模型[J].技术经济,2020,29(12):110-116.

[201] Zhuo Z Y. Research on Optimal Product Supply Strategies of Manufacturer-to-Group Customer Under a Real Demand Pattern[J]. International Journal of Operational Research,2022,44(4):550-561.

[202] Zhuo Z Y. New Mathematical Model of Retailer-to-Individual Customer Optimal Product Supply Strategies Under False Demand Pattern:Customer Discount Mode[J]. Journal of Mathematics Research,2020,12(1):36-42.

[203] 卓志毅,陈淑红.考虑非本质需求模式的制造企业对集团客户的产品运营决策模型[J].广东技术师范大学学报,2021,42(4):91-98.

[204] 卓志毅,陈淑红,阎洪,等.考虑非本质需求的零售商—个人客户最优返利模型[J].佳木斯大学学报(自然科学版),2021,39(4):126-129.

[205] Zhuo Z Y,Chen S H,Yan H,et al. A New Demand Function Graph:Analysis of Retailer-to-Individual Customer Product Supply Strategies Under a Non-Essential Demand Pattern [J]. PLoS ONE,2024,19(2):e0298381.

[206] Pukelsheim F. The Three Sigma Rule[M]. The American Statistician,1994,48(2):88-91.

[207] Xu Y,Cui W. Commodity Recommendation Model Integrating User Psychological Data Analysis[J]. Frontiers in Psychology,2022,13:907865.

[208] Srivastava P R,Eachempati P,Panigrahi R,et al. Analyzing Online Consumer Purchase Psychology Through Hybrid Machine Learning[J]. Annals of Operations Research,2022:1-35.

[209] Gomes G M,Moreira N,Bouman T,et al. Towards Circular Economy for More Sustainable Apparel Consumption:Testing the Value-Belief-Norm Theory in Brazil and in the Netherlands[J]. Sustainability,2022,14(2):618.

[210] Zhang X,Dong F. To Participate or Not? Research on Second-Hand Apparel Recycling Intention Under the Guidance of Environmental Psychology[J]. Waste Management &

Research, 2023, 41(6): 1155-1165.

[211] McEachern M G, Middleton D, Cassidy T. Encouraging Sustainable Behaviour Change via a Social Practice Approach: A Focus on Apparel Consumption Practices[J]. Journal of Consumer Policy, 2020, 43: 397-418.

[212] Sarkar J G, Sarkar A. S/he Styles: Narcissistic Fashion Apparel Consumption in India[J]. Journal of Consumer Marketing, 2022, 39(1): 55-65.

[213] Chakraborty S, Sadachar A. Predicting Indian consumers' Purchase Intention from Western Apparel Brands[J]. Journal of Fashion Marketing and Management: An International Journal, 2021, 25(3): 407-429.